建筑造型基础训练丛书

第三分册　色彩构成训练

韩林飞　编著

中国建筑工业出版社

图书在版编目（CIP）数据

色彩构成训练：韩林飞 编著. 北京：中国建筑工业出版社，2015.9（2024.2重印）
（建筑造型基础训练丛书；3）
ISBN 978-7-112-18449-1

Ⅰ.①色…　Ⅱ.①韩…　Ⅲ.①色调　Ⅳ.①J063

中国版本图书馆CIP数据核字（2015）第216079号

责任编辑：何　楠　陆新之
责任校对：刘　钰　陈晶晶

建筑造型基础训练丛书
第三分册　色彩构成训练
韩林飞　编著
*
中国建筑工业出版社出版、发行（北京西郊百万庄）
各地新华书店、建筑书店经销
北京圣彩虹制版印刷技术有限公司制版
北京中科印刷有限公司印刷
*
开本：965×1270毫米　1/16　印张：9　字数：250 千字
2015 年 9 月第一版　2024 年 2 月第三次印刷
定价：68.00 元
ISBN 978-7-112-18449-1
(27693)

GENERAL PREFACE

建筑造型基础训练丛书
前言

建筑设计的魅力就是塑造建筑形体独特的个性语言，这是建筑师追求的终极目标。
—恩 · 阿 · 拉多夫斯基（1881–1941）

20世纪20年代的建筑设计大师H·A·拉多夫斯基（苏联BXYTEMAC基础教学方法的创始人）道出了建筑设计的真谛，这也是当代建筑学专业存在的基础和努力的方向，建筑造型成为建筑师梦寐以求的毕生追求。建筑造型和其他造型艺术虽然有许多不同的地方，但作为人类创造物的一部分，建筑造型和其他造型艺术又有许多相通的共鸣。建筑的“造型”，绘画作品的“构图”，音乐的“作曲”，文学作品的“结构”，雕塑作品的“构架”等，其英文均是Composition。这也就是人类造型艺术基础共通的地方。特别是当代造型艺术，表现出了一体化的明显趋势。

观察其他造型艺术领域，其造型基础教育更符合人类造型认知心理的规律，如音乐作曲的“片段组合法”，绘画作品的“点、线、面”教学法，文学作品的“字、词、句”教学法。从元素入手，到简单的组合，再到间架结构，再到作品的生成，自然流畅，形成了基础教学的理性逻辑和生成脉络，扎实的基础教学对作品的创作起到了“基础”的作用。

反观我国的建筑造型教育，建筑初步课程教学注重建筑基础的基本认知，训练基本的建筑表达能力，较少涉及建筑造型的构成方法及其训练，建筑初步教学结束后学生直接进入建筑单体的建筑设计，缺乏基本的构成语言训练，缺乏系统化的建筑造型基础训练，缺乏适合造型认知心理的教学方法，学生构成语言的训练磨灭在建筑设计的功能与技术中，缺失了造型个性的专门培养，学生作品雷同现象普遍，缺乏创造力，为城市建筑的千篇一律埋下了伏笔。

笔者考察了欧美等众多高校的建筑教育后发现，特别是基础教育，在当代建筑发源地（20世纪20~30年代）德国BAUHAUS和苏联BXYTEMAC的学习教学工作中，造型基础教学历史积淀深厚，当代造型艺术“形态”、“空间”、“色彩”基本教学方法，仍然起着巨大的基础教学的作用，巴黎美院写实主义的教学方法被远远抛弃于现代造型艺术的背后。

传统的巴黎美院式造型基础教育注重学生写实能力与实体表现的培养，主要通过素描，色彩写生达到基础教学的目标，侧重于学生的描写技巧，色彩方面注重学生的自然写实，对于空间的描述主要体现自然现实中的可视表面空间。其基础学科是透视学、植物性、动物学、人体解剖学等，是对现实自然界的直接描绘，借鉴自然成为主题，自然的细部具象成为主流，培养学生的主要目标是技法，技法胜过了创造。

当代造型艺术注重个性、创造力的培养，培养目标是对自然界内部客观规律的认识，它建立在现代工业革命以来的现代力学，量子分子学、现代物理学等学科的基础上，是对世界内部客观规律的认识，是在此规律基础上人工建造的体现，体现的是当代的科学技术成就。现代造型注重对客观事物的抽象与立体，对客观的抽象与人类创造性的理解成为主流。

基于以上对当代造型艺术的科学基础的理解，当代造型艺术的基础教育急需改进，适应当代造型艺术根本规律的基础教学方法呼之欲出，我国自20世纪30年代，移自宾夕法尼亚大学巴黎美院布扎体系的基础教学方法亟待改进，传统的基础教学方法已难以适应当代中国大规模工业化建设的需求，当前的现实也迫使建筑教育界重新思考基础教学的问题，欧美许多国家的造型基础教育在50年前就已经完成了这样的适应和转变。传统的基础教学已成为学生素养教育的支持而不是学生创造能力培养的基础。

耶·斯·普鲁宁（E.C.Pronin）（1939-1999）教授（恩·阿·拉多夫斯基的学生）的基础教学及训练方法，在多所学校多年的教学实践中已取得良好的效果。其核心理念是适应当代造型艺术心理认知的规律，将造型分成形态、空间、色彩三大部分，通过造型语言字词句的系统训练，训练学生的独立认知能力，培养学生个性化的创造力。

“形态构成训练”主要通过50多道练习题，将抽象联系元素化、体系化，从元素、体系、组合、创造等方面系统地培养学生对不同形态的个性认知，每个题目要求有三个以上的解答思路，重点塑造学生的抽象创造能力。学生在这种看得见、摸得着的循序渐进的过程中感受“形态构成”的魔力！

“空间构成训练”主要将客观事物抽象为最简洁的立方体、长方体、圆柱体、锥体等几何体，以最简洁的几何体为研究目标，由正方体1个、2个、3个转角的训练过渡到正方体的训练，适应造型认知训练心理的规律，培养学生个性化的“空间造型语言”。

"色彩构成训练"力求建立现代抽象绘画与空间构成的联系，通过分析当代大师的抽象绘画作品，使学生理解抽象绘画的空间色彩的实质。具体训练是："色彩的临摹"，使学生感受大师的色彩空间；"色彩的分析"，掌握大师使用色彩的特点；"色彩的重组"，学生根据大师的色彩构成规律，应用大师的色彩重新组织色彩构图；"色彩的变化"，用单色和学生自己喜欢的色彩在原作基础上理解色彩；"色彩的空间"，以空间模型为表达手段，在原作上生成空间。"色彩构成"训练重点培养学生对当代设计色彩的认知能力，建立设计色彩的概念，为今后以材料色彩体现建筑造型，体现建筑质感打下基础。

"形态构成训练"、"空间构成训练"、"色彩构成训练"，简称为"建筑造型字词句"的教学方法，创造性地展示学生个体对构成的理解，丰富学生个体的造型能力，适应当代造型艺术的本质。

建筑造型基础丛书汇集了韩林飞教授近20年来在西安建筑科技大学、清华大学、莫斯科建筑学院（BXYTEMAC的继承者）、米兰理工大学、北京大学、北京工业大学、菲律宾马尼拉大学、北京建筑大学、北京交通大学、美国南加州大学等多所大学学习、执教的经验，综合了这些大学学生的作品，特别是应用耶·斯·普鲁宁（1939–1999）教授的基础教学及其训练方法，主要展示了北京工业大学、北京交通大学各校一年级新生的基础构成训练作业。通过这些一年级新生的作业探讨建筑造型基础教学的训练方法和手段，起到一个抛砖引玉的作用，希望引起建筑教育界的关注，共同做好建筑造型基础教学工作。

欢迎大家批评指正！

韩林飞 教授

北京交通大学，莫斯科建筑学院，米兰理工大学

2014.05.02 北京

CONTENTS

目 录

导论
PROLOGUE

INTRODUCTION

概述

建筑造型基础训练将造型分成形态构成、空间构成和色彩构成三个部分，本部分“色彩构成”，旨在发现抽象绘画与现代建筑设计存在的关系，力求建立现代抽象绘画与空间构成的联系，分析当代大师的抽象绘画作品，使学生理解抽象绘画的空间色彩的实质，达到对抽象绘画中的色彩和空间理解的“双赢”；对建筑学界的大师作品进行材料、色彩和形态语言的分析，体会大师作品中色彩就建筑性质、体量、风格与建设年代的运用规律、创作手法和创作意图，从色彩与材料方面理解一座（组）建筑和读懂一座（组）建筑，为建筑设计积累语言。

色彩构成（Colour Composition）是设计类专业的基础课程之一，在建筑设计教学中，色彩构成也是一项基本的教学内容。色彩是影响人们对于绘画作品感受的最为直接的条件之一，也是现代抽象绘画与传统绘画空间表现手法的重要区别之一，更是一栋建筑体现性格、表达情感的表达方式之一。

现代绘画艺术的发展对色彩构成产生了不可忽视的影响，尤其是抽象绘画对色彩构成的产生与发展影响深远。古典绘画艺术以客观表面的写实与描写作为绘画者眼中的空间表达手段，以一点透视，在特定的时刻通过色彩、光线等技法展示绘画的图像，其特点是以写实为基础，注重诠释事物实实在在的外表形式特征。20 世纪初期，现代抽象艺术的出现彻底颠覆了传统绘画艺术的表现形式和内涵，写实绘画一统天下的局面就此结束。相对于古典绘画的具象特性，抽象绘画赋予图像更深层次的含义——现代抽象绘画主张脱离现实，用抽象写意来反映纯粹的客观世界，甚至抒发作者深层心理活动的精神世界，用客观内在的抽象与立体来表现作者思维中的空间关系及其客观的存在形式。

康定斯基（Wassily Kandinsky，1866−1944）被誉为“抽象绘画之父”，作为现代抽象艺术的创始人之一，他的一次偶然经历向我们描述了现代抽象绘画表达的实质。他在《自传》中写道：“（1908 年的）一天，暮色降临，

图 1.1《蒙娜丽莎》[意] 达·芬奇（1452-1519）

图 1.3《伏尔加河上的纤夫》[俄] 伊里亚·叶菲莫维奇·列宾（1844-1930）

图 1.2《拾穗》[法] 让·弗朗索瓦·米勒（1814-1875）

图 1.4《在白色的上面》康定斯基

图 1.5《若干个圆》康定斯基

图 1.6 康定斯基

图 1.7 蒙德里安

图 1.8 马列维奇自画像

图 1.9《飞机起飞》马列维奇

图 1.10《Composition with Red, Yellow, Blue and Black》蒙德里安

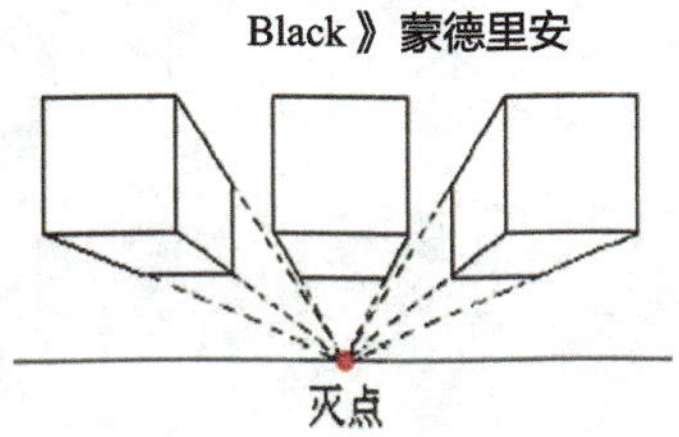

图 1.11 一点透视

我画完一幅写生后，带着画箱回到家里，突然看见房间里有一幅难以描述的美丽图画，这幅画充满着一种内在的光芒。起初我有些迟疑，随后我疾速地朝这幅神秘的画走去。除了色彩和形式以外，别的我什么也没有看见，而它的内容是无法理解的。但我还是立刻明白过来了，这是一幅我自己的画，它歪斜地靠在墙边。第二天我试图在日光下重新获得昨天的那种效果，但是没有成功。因为我花了很多时间去辨认画中的内容，而那种朦胧的美妙之感却已不复存在了。我豁然地明白了：是客观物象损毁了我的画。”正是这种令人心潮澎湃的感觉，使康定斯基从中得到启发：具象与写实使画面显得平庸、寻常；而抽象与立体却使画面充满了生动和美感。这也就是现代抽象绘画的本质。

与康定斯基同时为现代抽象绘画艺术做出重大贡献的还有蒙德里安（Piet Cornelies Mondrian，1872–1944）、马列维奇（Kasimier Severinovich Malevich，1878–1935）等一批知名艺术大师。正是这些杰出的艺术大师们的共同努力，使现代抽象主义思潮在 20 世纪 50 年代达到了巅峰。总体来说，现代抽象绘画是对传统自然写实主义的挑战，并对当今各个领域中现代艺术的表现产生了极其深远的影响。可以毫不夸张地说，没有抽象艺术，西方现代艺术的丰富内容是难以构建的。抽象绘画被誉为现代西方艺术史上最为伟大的成果之一，它展示了人类新的视觉观察与空间体验，阐释了新的工业革命技术条件下人类新的“时空观”，这也导致了抽象派画作与建筑师的设计表达难分你我。抽象绘画对于现代建筑造型的影响是不容忽视的，建筑师能够在抽象绘画中发掘诸多与建筑空间、色彩形体有关的、相通的造型手法与内容。建筑师是空间的主要创作者，应该深入分析并理解现代西方抽象绘画中的空间表达，用建筑空间元素分析的方法，探讨平面空间与建筑空间的共通之处，向抽象画家学习，丰富建筑师的空间语言，感受画家高超的空间形态美，通过建筑空间的营造与创新，使建筑空间艺术更美好。

西方绘画艺术的发展中，透视学的发现是至关重要的一步。它使得传统的二维图像显现出三维的立体效果。所以传统的画面图形所体现的空间感一般是利用透视原理，再根据视觉对象的明暗、色彩的深浅和冷暖差别，表现出物体之间的远近层次关系，使人在平面的范围内获得立体的、具有深度的空间感觉。

抽象绘画的空间组织形式十分丰富，不仅可以借用原本从绘画中发展而来的透视法则，还可以利用形态的立体、扭曲、变形、重叠、组合等产生新的空间。空间类型主要包括由矛盾图形构成的空间，由同构、共生、正负形等构成的空间，利用点、线、面的构成法则表现的空间和利用投影表现的空间等。从平面色彩开始，分析抽象绘画的空间，完成立体空间的抽象，以此完成由表面的二维空间图像衍生出三维的实质空间模型，最终完成对时空观念的理解和对现代建筑空间的初步感知。通过这个过程，建筑师不仅可以更深切地体会抽象绘画对于空间的表达，更能清晰准确地完成从平面到空间的提炼。

对于建筑造型艺术，它与绘画一起都被囊括在传统的七大艺术门类之中，尽管建筑对于客观社会更像是一门科学技术，但我们却无法否认建筑的艺术感知和空间表达，这正是建筑工程与艺术结合的魅力所在。“艺术的根源都是相通的”，现代抽象绘画对于空间的表现方式较以往有了极大的不同，而建筑设计本身更是对以人为中心尺度的空间的塑造，无论是内部空间、外部空间，还是过渡空间，即所谓的灰空间。通过对现代抽象绘画中空间的解读，和对建筑空间的探索研究，建筑师不难发现二者之间难舍难分、千丝万缕的联系。

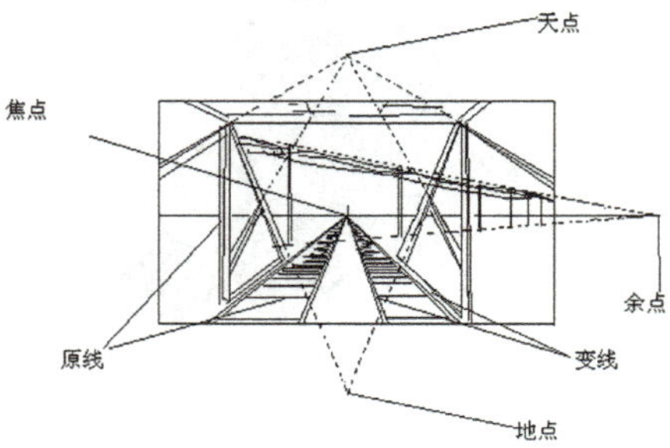

图 1.12 多点透视

在当今建筑界，诸多知名的大师仍然深切地迷恋着现代抽象绘画，并将其对现代抽象绘画空间的独特理解融入建筑创作当中，例如扎哈·哈迪德（Zaha Hadid）、丹尼尔·里勃斯金（Daniel Libeskind）等。其中，著名的扎哈·哈迪德曾执迷于对现代抽象绘画作品的创作，她以建筑创作中的建筑形式片断为元素，通过多角度、多视点来进行重构，以此表现一种动态的三维空间。她这样描述自己的绘画作品：“平面层次上的空间和地形变化以及无明显特征的色彩运用都与俄国的至上主义和构成主义的某些作品在风格与形式上有奇妙的联系。”哈迪德的实践经验表明，她对于建筑非线性及解构的设计思想无疑受到了现代抽象绘画的深刻影响。同样，丹尼尔·里勃斯金的建筑作品以其大胆的构思、独特的形态而被冠以解构主义、观念建筑等标签，这些标签的背后隐藏着他从现代抽象绘画的构成主义造型中汲取的营养。在他的作品中，常常用到倾斜的地板和不成直角的墙角来塑造建筑空间，给人以超乎寻常的空间震撼。

众所周知，点、线、面是构成艺术品的最基本的要素，抽象艺术在摒弃具体物象，探索自身语言的实践中，通过点、线、面这些具体的元素，探究抽象绘画的深刻科学意义。“抽象”，顾名思义，是将自然事物基本特征抽离之后，加以个人的思想感情再次表现。对于事物，我们将这个过程称之为概括或是简化，而对于绘画，这个过程更多地反映了作者对于既定对象在空间、色彩方面深层次理解的再现。因此，抽象艺术家们对空间的不同理解导致其艺术风格的不断变化，其所创造的空间表现方法，为绘画及空间设计的拓宽、艺术表现和审美价值的提升做出了巨大的贡献。因此，分析艺术家对空间处理的多样性，对当今我们进行图形空间的认识意义深远，特别是建筑师对抽象绘画的空间理解，抽象绘画中的实体空间表达，将抽象艺术画面中的抽象空间与以人为尺度标准的建筑空间联系起来，为当代建筑提供更多的空间造型表达思想，抽象绘画与当代建筑空间创造具有广泛的共通性，对抽象绘画中所表达的空间的研究对于实体建筑空间的创造意义重大！

笔者韩林飞考察了欧洲、美国等全世界众多高校的建筑教育，特别是基础教育，在当代建筑发源地（20 世

图 1.13《二十间公寓》扎哈·哈迪德

图 1.14《城市文脉的再发展》扎哈·哈迪德

图 1.15 多伦多皇家博物馆　丹尼尔·里勃斯金

纪 20~30 年代）— 德国 BAUHAUS 和苏联 BXYTEMAC 的学习、教学和工作中，发现造型基础教学存在着深厚的历史积淀，其中当代造型艺术中的“色彩”基本教学方法，仍然起着巨大的基础教学的作用。传统的巴黎美院式造型基础教育注重学生写实能力的培养与实体表现，侧重于学生的描写技巧，对于空间的描述主要体现自然现实中的可视表面空间。当代造型艺术注重个性与创造力的培养，注重对客观事物的抽象与立体，是建立在现代工业革命以来的现代力学、量子分子学、现代物理学等学科的基础上的。

应用基础教学及训练方法，笔者在多所学校、多年的教学实践中已取得良好的效果。核心理念是适应当代造型艺术心理认知的规律，应用其基本原则在建筑构成初步教育中，探索和尝试现代绘画色彩及空间构成的基本规则在建筑空间构成中的应用，这一过程对于培养初学者的造型能力、空间感知力具有积极的作用，之后通过对建筑大师的建筑作品进行理性的分析与解读，更能体会色彩对于建筑空间、表面和情感传达的作用。这种将抽象绘画与建筑空间、建筑作品理性分析训练结合的教学创新方法将会为我国现代建筑学基础教育改革提供有益的帮助。

虽然不是每一位建筑师都充分了解现代抽象绘画与建筑空间的关系，但对于设计，这将是非常有价值的经验。将抽象绘画与建筑空间关系的相关性和分析方法作为一项建筑学基础教学内容，建立起一套现代艺术理念的建筑教育教学体系，这样的教学创新与尝试具有与时俱进的现实意义。这是一次改革性的、探索性的教育尝试，对于丰富我国现代建筑的基础教育意义重大。

图 1.16 柏林犹太人纪念馆　丹尼尔·里勃斯金

IDEAS & METHODS

思路与方法

对于刚刚进入大学的新生，中国特色的应试教育所强化的学习习惯，为色彩训练教学带来了一系列的问题。大学之前，中国学生完全适应了应试教育的方法方式，甚至形成了惰性，学习知识的方法极其被动，导致学生缺乏探索精神，习惯于接受约定俗成的东西，接受棱角分明的、非此即彼的理论知识，但这恰恰是创新教育所不希望、不愿意他们吸收的内容，“授之以鱼”不如“授之以渔”，这才是创新教育所应该体现的道理。

在色彩训练的教学中，首先要打破这种“填鸭式”的教学模式。对色彩的基本认知，不能仅停留在被动接收的阶段，要让学生亲身理解与体会，积极地、主动地去探索其中的规律和内涵，认知“抽象”与“立体”的实质，并通过这类抽象绘画和建筑抽象空间融合转化的动手训练，培养学生在空间构成方面的逻辑和创新思维的能力。具体教学训练方法总体思路归纳如下。

图 1.17《Drei Frauen Meer》临摹

第一，色彩的基础训练：色彩的感知、分析、重构与创新

色彩的基础训练，主要包括“色彩的感知”：通过对大师作品的临摹，学生感知大师的色彩运用，包括色相、纯度和明度的对比、色块的面积、形式及其组合关系；“色彩的分析”：掌握大师色彩使用的特点，体会各个颜色之间的内在关系；“色彩的重构”：学生在掌握色彩原理的基础上，运用色彩的色相、明度和纯度之间的关系进行画作色彩的变化练习，以及运用单色（某一种色彩的不同明度和纯度的组合）进行色彩的变化与重构的练习；“色彩的位移”：学生根据大师色彩构成的规律，应用大师的色彩重新组织色彩构图；“色彩的创新”：学生在掌握色彩搭配与应用基础知识的基础上，运用自己喜欢的色彩在原作图形基础上进行色彩的创新与画作的再创作，加深对色彩的理解。

传统绘画大多选用调和色或是相近的色系，强调光源色与环境色，维持画面的和谐，这也是写实主义手法的表现；而现代抽象绘画在这方面则更为理性，更强调客观事物自身的纯净色彩，大多选用纯色系进行画面表达，形成画面中强烈的反差对比，抛弃光源色和环境色对事物本身纯洁色彩的遮盖，这是一种对自然真实的理性的尊重，是内心情感的直接表达，也更好地诠释了画面的色彩空间感。

对色彩进行基本的认知之后再对一些简单的抽象绘画作品进行临摹分析，提取其中运用的色彩类别，给予学生充分的色彩理解和思索空间，并发挥自身想象力和主观能动创造力，对原绘画作品中的色彩进行色相、明度或纯度的变化，或者运用单一的颜

图 1.18《Drei Frauen Meer》色彩的提取与分析

色对其进行明暗关系的填充，使用自己喜好的颜色进行合理的搭配以及对从画作中提取到的颜色进行“色彩位移”式的填充，对画作进行颜色的重新构图与创作。通过实践训练，加深对原画作中色彩运用的理解和对整体色彩的感知。

例如我们选取德国表现主义画家卡尔·施米特·罗特卢夫(Karl Schmidt-Rottluff，1884-1976)的人物抽象作品 *Drei Frauen Meer*（图 1.17）。图面本身色彩非常丰富，通过色彩的强烈对比，在规整中凸显活泼，搭配经典的色彩与硬朗的造型设计，较好地表现了人物形象与背景空间的层次关系，是进行色彩感知与分析训练的优秀素材。对于这幅作品的训练，通过色块的拼接和组合，强调能够在变化中保持一定的色彩秩序的训练特点。当然，对于色彩的训练，手法因人而异，是非常多种多样的，可以先将原画中的色彩提取出来（图 1.18），进行一定的色彩分析，为色彩训练提供参考。尝试通过改变所用色彩的基本属性（色相、纯度和明度）（图 1.19~ 图 1.22），来凸显整个画面的进深与层次感，使得平面空间通过色彩表达而更加立体，为空间想象力的培养打下良好的色彩构成基础。

图 1.19《Drei Frauen Meer》色彩的变化

图 1.20《Drei Frauen Meer》色彩的变化——色相的变化

图 1.21《Drei Frauen Meer》色彩的变化——明度的变化

图 1.22《Drei Frauen Meer》色彩的变化——色相与纯度的变化

第二，色彩的几何提成训练：图形抽象与感知能力的培养

色彩的几何提成训练，主要针对偏于写实的绘画作品，将画作中所采用的大块色彩进行总结与提取，将色块的边线进行几何图形化处理，并用提取的大块色彩重新进行色彩填充。从写实绘画到几何体块的提取与抽象，将进一步锻炼学生对于色彩与空间之间关系的认识。选取图形关系较为复杂的具有写实意义的现代绘画作品，首先通过对原作的临摹，体会画作中对形体表现的构成方法以及明暗色彩的把握，对原作进行整体抽象化的色块组成处理，提取其局部所采用的大块的主要色彩的色块，从画面中“抽象”出空间体块的几何图形元素，完成对绘画作品的几何图形的提成。

对于平面空间的抽象，这种训练手法还可以借助透视方法推理抽象绘画中形体形成的过程，通过这个过程，学生不仅可以更深切地体会抽象绘画对于空间的表达，更能清晰地、准确地完成对平面空间提炼的尝试。以荷兰后印象派画家文森特·威廉·梵高（Vincent Willem van Gogh，1853-1890）的《海边的渔船》（图 1.23、图 1.24）为例，说明平面空间抽象的具体方法。首先，对画面透视关系进行分析，我们可以推敲出画面形体形成的思路和过程（图 1.25）。然后根据这个过程，科学准确地对画面空间进行抽象（图 1.26），可以结合画面色彩用色块表达抽象出的空间关系。最后将抽象出的空间再次进行几何图形化的处理（图 1.27），使其能更好地与建筑空间训练的基本功形成联系，通过图底关系和空间的相互转化（图 1.28、图 1.29），最后形成一种空间模型，表达平面色彩的空间感（图 1.30）。

第三，色彩的空间转化训练：平面构图的三维空间生成

色彩的空间转化训练，主要以空间模型为表达手段，将原作由平面构图衍生为三维体块空间或折纸空间，从而加强学生对于空间感知、时空概

图 1.23《海边的渔船》梵高

图 1.24《海边的渔船》临摹

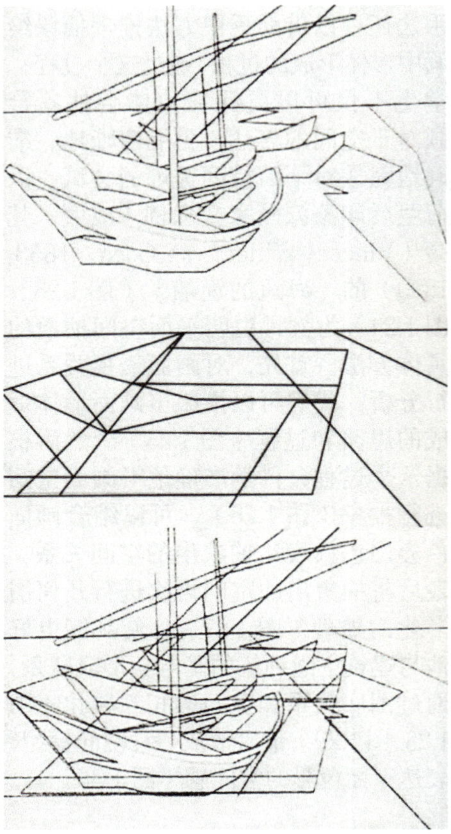

图 1.25 平面透视的演变与体块关系的抽象

图 1.26《海边的渔船》色彩的抽象

图 1.27《海边的渔船》色彩的几何提成

念和空间构成等方面的基础认识，也使学生从另一个方面加深对画作的理解和记忆。在前两个训练步骤的基础上，将经自我思考的“抽象”构成所得来的平面空间图形按照不同的明暗程度，赋予一定的空间高度和形式，借助一定的空间逻辑关系，转化为立体的建筑空间三维概念模型。

形态可以说是最基础的设计元素。在练习中，从不同学生对色彩的直觉和心理效果出发，用科学分析的方法，把复杂的色彩现象还原为简单的基本要素。利用色彩在空间、体量与本质上的可变换性，按照一定的规律去组合各构成形体之间的相互关系，创造出新的色彩构成效果。同样地，形态作为视觉色彩的载体，总有其一定的平面体量，即面积，因此，从这个意义上说，面积也是色彩不可缺少的特性。选择俄国画家 Михаи́л Васи́льевич Матю́шин（1861-1934）的一幅抽象画平面构成作品《M.Matlownh》(图 1.31) 作为原型，利用之前所学的各种手法进行色彩变化、构成进化，最后生成几组风格迥异的色彩构成(图 1.32、图 1.33）及由此衍生出的空间构成模型(图 1.34)。

图 1.28《海边的渔船》色彩的变化

图 1.29《海边的渔船》图底关系表现

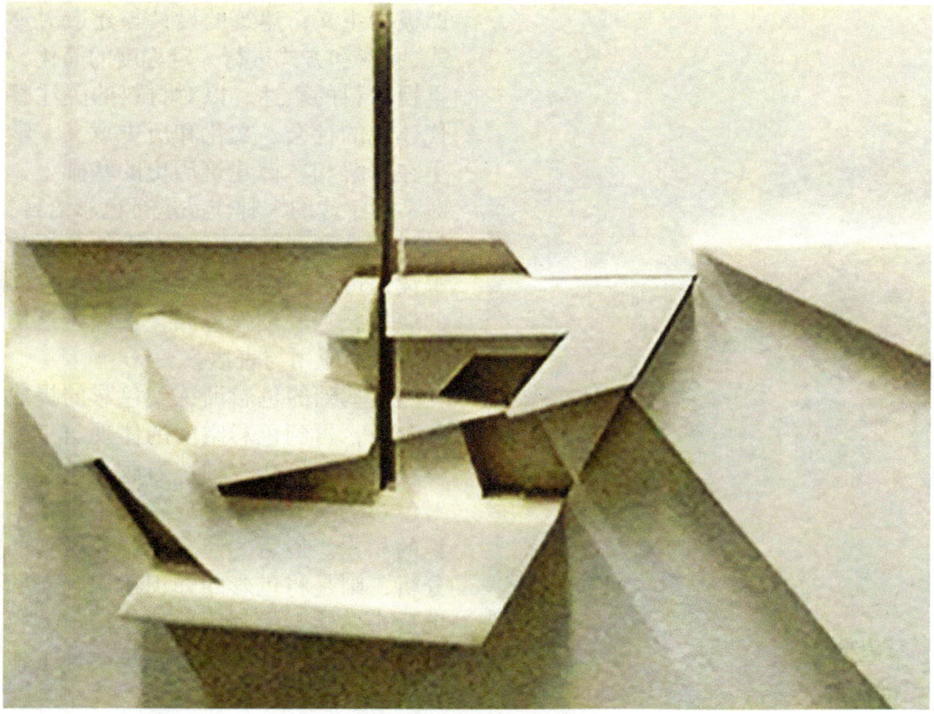

图 1.30《海边的渔船》色彩的空间创造

"色彩构成训练"通过色彩的感知、分析、重构和变化以及对色块进行几何提成、空间转化等训练，重点培养学生对当代设计色彩的认知能力，建立设计色彩的概念，为今后以材料色彩体现建筑造型、体现建筑质感打下基础。

第四，建筑大师作品分析：材料、色彩及形态语言的分析

在对建筑的认知中，表皮给人以最直观的印象，建筑的色彩、材料和形体等外观的各种信息赋予人们无法逃避的直接印象。这些信息包括材料的形态、色彩、质感、光影等，它们有秩序地组合、拼装在一栋建筑中，每种材料都发挥其功能与效用，使建筑表现出坚固、实用和美观。

从材料角度，建筑外表皮材料有大理石、玻璃、陶瓷等无机金属材料，也有木材、高分子塑料等有机非金属材料，还有不锈钢、铝、铜等金属材料。随时代和科技的发展，更多的复合材料也大量运用到建筑的外立面装饰和围护中，如装饰混凝土、装饰砂浆、铝合金、铜合金、人造大理石、人造花岗石、塑料钢板以及各种涂料等各种复合材料。另外，按照不同的使用功能和装饰部位，还有木材、玻璃、砂浆、天然及人造石材等多种材料。

同样，不同的材料具有不同的色彩，不同的色彩也传达出不一样的情感。人们对色彩的感受与文化、历史、民族、地域、社会等多种复杂的因素

图 1.31《M.Matlownh》原图临摹

图 1.32 色彩的位移与变化

图 1.33 色彩的重构 —— 无彩色填充

图 1.34 色彩的空间体现

图 1.35 真言宗本福寺水御堂墙体与地面

图 1.36 罗比住宅的红砖外墙

相关，不同的时代和文化背景，色彩也传达出各种不同的象征意义。建筑色彩的使用与建筑的功能密切联系，利用材料的固有色和不同的光影关系，可以创造出千变万化的人工环境，体现建筑的印象和标识性，传达不同的情感以及创造的与建筑相协调的氛围。

另外，相同色彩的同一个材料的不同形态，也会体现出其不同的功能，传达不一样的情感。线状、块状、面状等多种形态的材料，不同的视觉形态对应着不同的心理感受。

本训练主要针对建筑大师的作品进行案例分析，按照低层（3 层以下）、中多层（3~12 层）和高层（12 层以上）三种建筑尺度的划分标准和 1945 年前（“二战”前）、1945~1980 年、1980~1990 年、1990 年至今四个建筑发展历史的时间区段划分标准，共分为 7 种建筑的归类方式（图 1.35~ 图 1.38）。

从建筑尺度的角度，学生对大师的作品进行色彩语言、材料语言和形体语言的分析，体会材料的固有色、光影色彩等给人的印象，分析色彩在建筑造型的表达、建筑识别性的表现、建筑气氛的营造和建筑情感的传达等方面的功能体现，分析建筑材料及色彩的形态语言，从图案、立体、形体和综合形态等多个方向分析材料的形态在建筑功能表现和建筑情感传达等方面的效果。通过一系列的分析与解读，理解大师作品中不同建筑尺度材料与色彩的应用技巧和做法，更能理解大师建筑设计的创作思路。

图 1.37 水御堂与自然环境的融合

从建筑历史的角度，“二战”前，古典、浪漫与折衷早已不合时宜，受到表现主义、未来主义、构成主义与风格派的影响，以格罗皮乌斯、勒·柯布西耶、密斯·凡·德·罗、赖特和阿尔托等为代表的现代建筑运动开始进入人们的视野，建筑开始重视功能、新材料、新结构、经济性；1945~1980 年，“二战”结束后，高层、大跨度建筑开始出现，建筑工业化日益成熟，建筑从对于技术与理性的疯狂追求转向了对于人文的关怀；1980~1990 年，建筑界出现了各种思潮、流派与新探索，出现了热衷于古典建筑元素的后现代建筑，还有折射后工业时代对于文明与文化相互关系的种种思考的新地域主义的实践，以及高新技术在建筑设计中的广泛应用；1990 年以来，建筑界又出现了一种先锋派特征的，被称为解构主义的新思潮，建筑界开始关注一种继承和发展现代建筑的明显特征的潮流——向“简约”回归，即极少主义，建筑的设计与建造对形式、元素和方式进行一定程度的简化，重视材料的表达，以对材料的关注替代建筑的社会、文化和历史意义。学生在理解和掌握建筑历史的基础上，对不同年代的大师作品进行色彩语言、材料语言和形体语言三方面的分析与解读，理解不同时代建筑材料与色彩的应用技巧和创作思路，掌握建筑形态语言的应用与表达。

从基础的色彩训练到色彩的提成与分析，再到色彩空间的体现与三维体块模型的制作，训练习题注重学生对色彩的感官认知，或者说是理论知识的积累。最后的建筑色彩与材料的分析，则是将色彩的知识运用到实际项目中，体会大师用色的技巧与表达方式，从而为将来从事建筑设计工作打下色彩运用的基础。

图 1.38 香港中银大厦的玻璃幕墙

习题与学生作业

EXERCISES & PRACTICES

培养目标

色彩的临摹是色彩感知与学习的一个常用而且有效的手段，通过临摹一些大师的画作，体会色彩三种属性（色相、明度和纯度）的关联与搭配方式，增强对色彩原理的认识和对色彩组合的理解，感知大师的色彩运用，包括色相、纯度和明度的对比、色块的面积、形式及其组合关系。对色彩进行基本的认知之后再对一些简单的抽象绘画作品进行临摹分析，使学生加深对色彩规律的认识和理解，获得对色彩本身及多种色彩搭配的直观印象，进而读懂一幅作品以及其中所具有的鲜明的主题思想、成熟的表现手法和完美的艺术处理，之后为色彩的变化和色彩空间的生成创造条件。

解题要素

在色彩感知训练环节，临摹的作品可以大致分成两类：一类是抽象绘画作品，如梵高的《星空》（图 2.1）；一类是抽象构成作品，如康定斯基的《构成第 8 号》（图 2.2）。在进行训练时，寻找一幅现代绘画大师或构成大师的作品，首先通过观察，体会其中的图形、色彩、形态等多方面的内容，结合作品产生的时代背景和作者的思维变化，从整体上把控作品表达的意象，然后依照自己对色彩的理解，在绘图纸上进行临摹与再创作，注意其中色彩的选用和搭配以及画面的形式规律与色彩原理的运用。

习题一：色彩的感知

图 2.1 示例 a：《星空》梵高

图 2.2 示例 b：《构成第 8 号》康定斯基

学生示范作业

图 2.3 抽象绘画作品 尼古拉·德·斯塔埃尔

图 2.4 抽象绘画作品临摹 学生作业

图 2.5《Petersburg》马列维奇

图 2.6《Petersburg》临摹 学生作业

学生示范作业

图 2.7《至上主义构成》 伊万普尼

图 2.8《至上主义构成》临摹 学生作业

图 2.9《吉他和水果盘》 胡安·格里斯

图 2.10《吉他和水果盘》临摹 学生作业

学生示范作业

图 2.11《星空》 梵高

图 2.12《星空》临摹 学生作业

图 2.13《绘画浮雕》 塔特林

图 2.14《绘画浮雕》临摹 学生作业

学生示范作业

图 2.15《Suprematism》马列维奇

图 2.16《Suprematism》临摹 学生作业

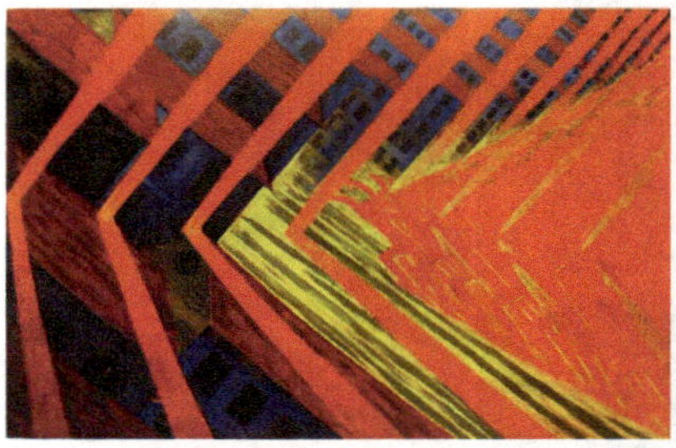

图 2.17《The Revolt》路易吉·鲁索洛

图 2.18《The Revolt》临摹 学生作业

学生示范作业

图 2.19《戴帽子的妇人》 亨利·马蒂斯

图 2.20《戴帽子的妇人》临摹 学生作业

图 2.21《海边的渔船》 梵高

图 2.22《海边的渔船》临摹 学生作业

学生示范作业

图 2.23《蔷薇色的重音》康定斯基

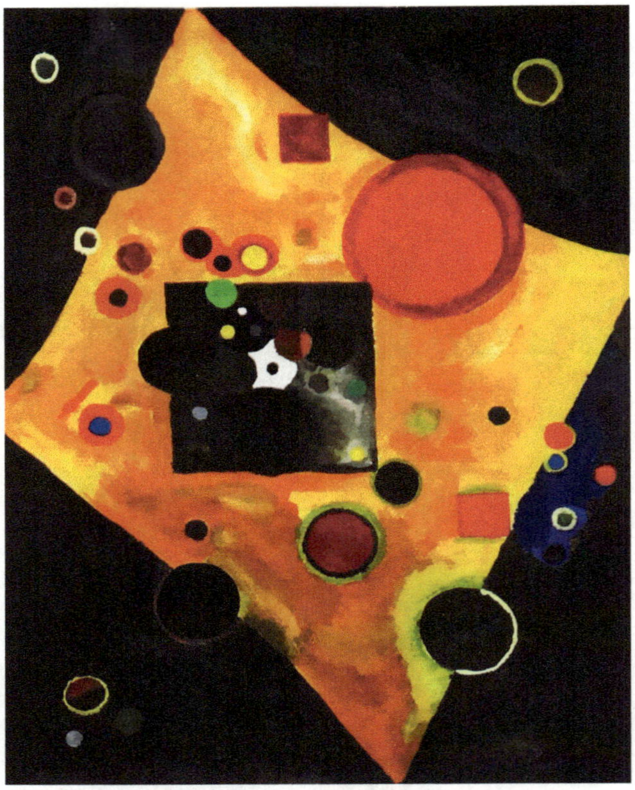

图 2.24《蔷薇色的重音》临摹 学生作业

图 2.25《Construction》埃克斯特

图 2.26《Construction》临摹 学生作业

习题二：色彩的分析

图 2.27 示例 a：施米特 · 罗特卢夫作品《Drei Frauen Meer》临摹

图 2.28 示例 b：作品采用的色彩分析

培养目标

色彩的客观性质对人的知觉产生多种刺激，并由此影响人们的心理。对抽象绘画进行色彩的分析，主要就其中所采用的颜色进行归纳和总结，将画作中所采用的色彩进行提取与归纳，从中找出颜色之间所存在的色相、明度和纯度方面的差异，培养学生对色彩构成中色块组织的掌控能力以及对各种色彩细部衔接的过渡色的感知能力。

解题要素

如示例 a 中的施米特 · 罗特卢夫的人物抽象作品《Drei Frauen Meer》，首先观察其本身经典的色彩组合与硬朗的造型设计，然后临摹与感知作品中色彩的选用和色块的组合，对其色彩进行提取与归纳，分析各种色彩本身的明暗、色相等基本属性，在图板上将提取到的颜色按照色相（或者明度、纯度）进行排列布置（示例 b），分析色彩与色彩之间所内含的渐变、调和关系和在图中所表现出来的特点，如面积、形状、位置等。

学生示范作业

图 2.29 作业一：柳博芙·塞尔乔瓦纳·波波娃作品临摹

图 2.30 作业一色彩分析

图 2.31 作业二：作品临摹

图 2.32 作业二色彩分析

图 2.33 作业三：拉扎尔·马尔科维奇·希德克尔作品临摹

图 2.34 作业三色彩分析

习题三：色彩的变化

图 2.35 示例 a：构成作品原图临摹

图 2.36 示例 b：对原图色彩进行改变色相的色彩变化

图 2.37 示例 c：对原图色彩进行改变纯度的色彩变化

培养目标

色彩本身具有三种属性[色相、明度和纯度(也称饱和度)]，它们之间的各种组合影响着一幅作品的效果，比如明度高的色彩显得轻、薄，明度低的色彩显得重、厚，波长较长的红色光、橙色光、黄色光给人一种温暖的感觉，而波长较短的蓝色光、绿色光、紫色光则给人一种冰冷的感觉。色彩的变化训练，是色彩学习方面的基本训练，是针对色彩的三属性而设置的练习题，主要培养学生对色彩在色相、明度和纯度方面的变化和混合调色的能力，同时理解补色、邻近色等色彩概念。

解题要素

选择一副抽象绘画，如示例 a 为荷兰风格派代表人物胡札(Vilmso Huszar)的构成作品，在对其进行色彩分析的基础上，对图画中的颜色进行第二种颜色的直接替换（改变色相），制作出示例 b，或者将多种颜色（包括黑与白）进行混合，调制纯度较低的色彩组合构图，如示例 c（彩色的纯度为零时，即为黑白两色和不同程度的灰色）。学生也可在原色的基础上加入白或黑，以调制另一种色相改变较小，但色彩的纯度不同的色彩构图。经过多次调制和绘制，使画面与原作发生色彩属性上的变化，完成多个不同色相、明度和纯度的色彩变化作业。

学生示范作业

图 2.38 作业一：画作临摹

图 2.39 作业一色彩的变化 —— 改变色相

图 2.40 作业一色彩的变化 —— 改变纯度

图 2.41 作业二：画作《Black and Violet》临摹

图 2.42 作业二色彩的变化 —— 改变明度

图 2.43 作业二色彩的变化 —— 改变色相

图 2.44 作业二色彩的变化 —— 改变纯度

学生示范作业

图 2.45 作业三：画作临摹

图 2.46 作业三色彩的变化 —— 改变色相 I

图 2.47 作业三色彩的变化 —— 改变色相 II

图 2.48 作业三色彩的变化 —— 改变纯度

学生示范作业

图 2.49 作业四：画作临摹

图 2.50 作业四色彩的变化 —— 改变纯度

图 2.51 作业四色彩的变化 —— 改变色相

图 2.52 作业五：画作临摹

图 2.53 作业五色彩的变化 —— 改变色相

图 2.54 作业五色彩的变化 —— 改变纯度

学生示范作业

图 2.55 作业六：《马列维奇》临摹

图 2.56 作业六色彩的变化 —— 改变色相

图 2.57 作业六色彩的变化 —— 改变纯度

学生示范作业

图 2.58 作业七：画作《The Revolt》临摹

图 2.59 作业七色彩的变化 —— 改变色相

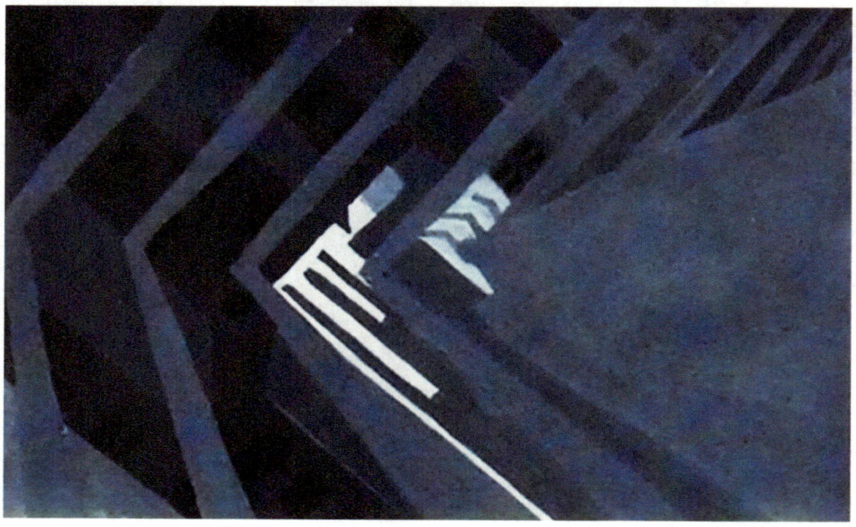

图 2.60 作业七色彩的变化 —— 改变纯度

习题四：色彩的位移

图 2.61 示例 a：构成作品原图临摹

图 2.62 示例 b：色彩的位移 Ⅰ

图 2.63 示例 c：色彩的位移 Ⅱ

培养目标

色彩的位移，意为画面中的色彩在画面范围内进行随意的组合，产生色彩位移的现象。在不受光源色、固有色和环境色影响的情况下，将画作中的色彩按照一定的组合方式和规律，形成协调、统一的色彩关系。一幅作品中的色彩选用是有限的，但颜色相互之间的排列方式是无穷的，每一种颜色都可以在画面中任意出现，多种色彩之间也可以任意地组合。本训练题的目标是使学生在掌握色彩基本属性的基础上，灵活运用色彩，避免盲目模仿和照抄，尽可能多地做出多种色彩位移之后的色彩组合图，为色彩的主观创新打下基础，也为今后建筑、城市的色彩搭配寻求多种可能。

解题要素

如示例所示，在对画作进行色彩分析的基础上，保持原画作（示例 a）中的点线面关系，将图画中的颜色一一列出，并进行编号，然后在新的图画上将原画作中颜色的编号打乱，重新进行色彩的填充，进而创作出新的色彩构图，如示例 b 和示例 c，可以尝试多种色彩的排列，发现颜色、构图、形状、大小等对画面的综合影响。

学生示范作业

图 2.64 作业一：画作《M.Matlownh》临摹

图 2.65 作业一色彩的位移变化

图 2.66 作业二：画作《My Heart to Your Heart》临摹

图 2.67 作业二色彩的位移变化

学生示范作业

图 2.68 作业三：画作《Constructive Still Life》临摹

图 2.69 作业三色彩的位移变化 I

图 2.70 作业三色彩的位移变化 II

培养目标

不同年龄、文化程度和环境的人，对于色彩的主观认识也不同。通过色彩的创新练习，将原作中的色彩变为自己喜欢的颜色，既符合人们的审美需求，也是人们对于色彩认识的最直接反映。

色彩的创新也是学生的主观色彩创新，就是培养学生从主观感受出发，选取自己所喜好的色彩信息，通过观察、感受并以色彩原理进行分析，增强学生的主观色彩意识和驾驭色彩的绘制能力，使学生的色彩积累和色彩修养得到质的飞越。

解题要素

示例 a 为俄国画家亚历山大•罗德琴科（Alexander Rodchenko）的著名画作，一个由多个细节色块叠加而成的色彩丰富的平面构成作品，以它为原型，每个学生按照不同的自我理解进行不同颜色的重新选择填色（如示例 b）。在训练时，应在掌握色彩基本知识的基础上，进行主观的色彩重构和整理。寻求具有个性的色彩语言，或根据画面需要，主观地构建色彩关系，强调色块的对比与调和关系，最后制作出一幅或几幅运用自己喜爱的色彩填充的画作。

习题五：色彩的创新

图 2.71 示例 a：构成作品原图临摹

图 2.72 示例 b：色彩的创新

学生示范作业

图 2.73 作业一：画作《Suprematism》临摹

图 2.74 作业一色彩的创新 I

图 2.75 作业一色彩的创新 II

图 2.76 作业二：画作临摹

图 2.77 作业二色彩的创新

学生示范作业

图 2.78 作业三：画作临摹

图 2.79 作业三色彩的创新

图 2.80 作业四：画作临摹

图 2.81 作业四色彩的创新

学生示范作业

图 2.82 作业五：画作《Construction》临摹

图 2.83 作业五色彩的创新

学生示范作业

图 2.84 作业六：画作临摹

图 2.85 作业六色彩的创新

图 2.86 作业七：画作《Untitled - Suprematist Composition》2 临摹

图 2.87 作业七色彩的创新

习题六：色彩的重构与图底关系

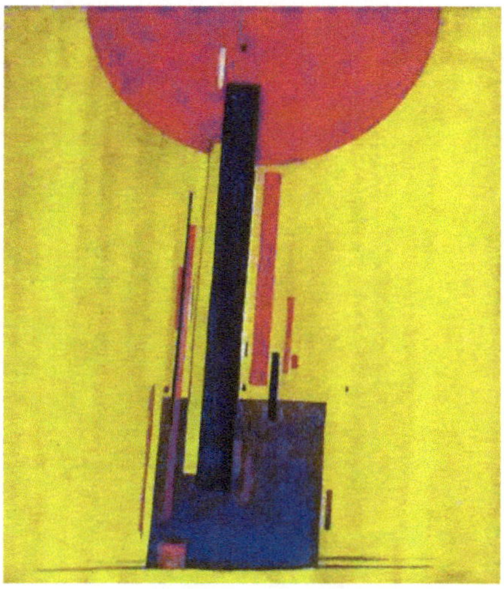

图 2.88 示例 a：构成作品原图临摹

图 2.89 示例 b：色彩的重构

图 2.90 示例 c：图底关系的体现

培养目标

说到图底关系，简单的理解就是将画面进行“黑白颠倒”。将彩色的构成画作按照色彩的明暗进行单色（黑白灰组成的无彩色或一种颜色的不同明度组合）填充，使学生理解不同色彩的明度对比对画面构成的作用，以及理解将“图底”进行翻转之后所形成的新的画面效果。在初步掌握图底关系的同时，尝试运用图底分析这种方法，分析建筑与城市空间的关系、建筑使用空间和结构设备体系的关系，分析公共空间和私密空间的图底关系。但是，不光尺度有“图底关系”，还有颜色的“图底关系”、秩序的“图底关系”、内部功能的“图底关系”等。这些都是我们在今后的学习中要着重考量的问题。

解题要素

示例 a 选取伊利亚·格里戈里耶的抽象画作《运动中的垂直轴线》，首先观察构成作品中色彩的明暗关系，然后按照自己对画面明度的理解，区分“图”与“底”之间的关系，用黑色和白色两种颜料调制出不同明度的色料进行画面的重构，分别绘制出示例 b 和示例 c，从中体会明度的深浅与色相、纯度的关系。

学生示范作业

图 2.91 作业一：画作临摹

图 2.92 作业一色彩的重构

图 2.93 作业一图底关系的体现

学生示范作业

图 2.94 作业二：画作《Black and Violet》临摹

图 2.95 作业二色彩的重构

图 2.96 作业二图底关系的体现

图 2.97 作业三：画作临摹

图 2.98 作业三色彩的重构

图 2.99 作业三图底关系的体现

学生示范作业

图 2.100 作业四：画作《Constrution》临摹

图 2.101 作业四色彩的重构

图 2.102 作业四图底关系的体现

学生示范作业

图 2.103 作业五：画作《The Seventh Dimension: Suprematist Stripe Relief》临摹

图 2.104 作业五色彩的重构

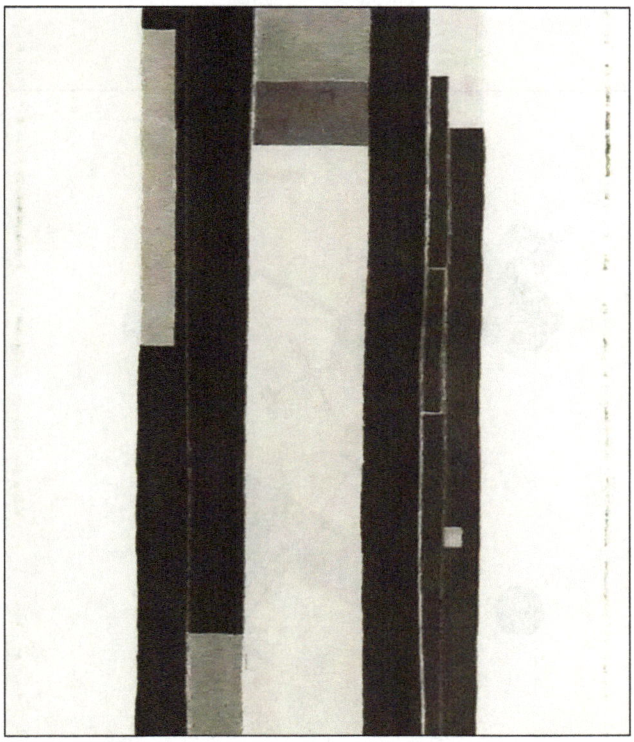

图 2.105 作业五图底关系的体现

学生示范作业

图 2.106 作业六：画作《Suprematism》临摹

图 2.107 作业六色彩的重构

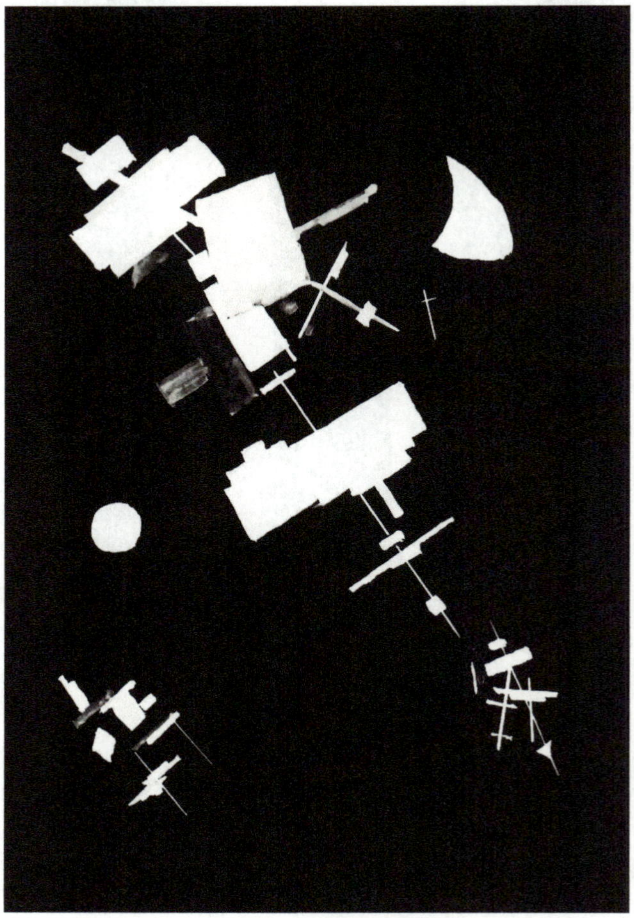

图 2.108 作业六图底关系的体现

习题七：色彩的几何提成

图 2.109 示例 a：画作《戴帽子的妇人》临摹

图 2.110 示例 b：色彩的几何提成

图 2.111 示例 c：色彩的创新

培养目标

色彩的几何提成训练是主要针对抽象绘画作品而进行的训练，是运用色彩原理进行的一种色块抽象训练。主要体现在将绘画作品中事物的具体形态舍弃，或者将物体形态中有特色和代表性的形象元素提取出来重新组合搭配，按照色彩原理和画面形式规律，发挥主观感受和表现上的自由，创造出一种全新的、几何图形组成的画面，或者依据色彩属性的综合体验，画面的形态、结构、明暗等，培养学生对色系的认识。

解题要素

选择一幅较为复杂的现代绘画作品，以亨利•马蒂斯（Henri Matisse）著名的肖像画《戴帽子的妇人》为例。首先可以通过对原作的临摹（示例 a），体会马蒂斯对人物形体表现的构成方法以及明暗色彩的把握。通过自己的理解和认识，对作品进行整体抽象化处理，经抽象的色块以原色或部分环境色突出在画面上，不仅仅是背景和帽子，还有这位妇人的脸部，都是大胆的绿色和红色的色块堆砌，轮廓通过色块的组成勾勒出来。对色块的边线进行几何图形化处理，用色块归纳的形式进行色彩提取，对非本质的、次要的色彩作大胆的概括化处理，只表现局部所采用的特征突出的主要颜色，将“细腻”的绘画作品抽象成由多个小色块组成的“粗糙”构成（示例 b），进而对示例 b 中的颜色进行色彩的变化、重组和创新，形成示例 c。

学生示范作业

图 2.112 作业一：画作《The Boulevard》临摹

图 2.113 作业一色彩的几何提成

图 2.114 作业一色彩的创新

学生示范作业

图 2.115 作业二：画作临摹

图 2.116 作业二色彩的几何提成

图 2.117 作业二色彩进一步几何提成与色彩的创新

学生示范作业

图 2.118 作业三：画作临摹

图 2.119 作业三色彩的几何提成

图 2.120 作业三色彩的创新

图 2.121 作业四：画作《星空》临摹

图 2.122 作业四色彩的几何提成及色彩创新

学生示范作业

图 2.123 作业五：画作《构成第七号》临摹

图 2.124 作业五色彩的几何提成

图 2.125 作业五色彩的进一步几何提成

图 2.126 作业五色彩的创新

学生示范作业

图 2.127 作业六：画作《海边的渔船》临摹

图 2.128 作业六色彩的几何提成

图 2.129 作业六色彩的进一步几何提成

图 2.130 作业六色彩的创新

习题八：色彩的空间创造

图 2.131 示例 a：构成作品原图临摹

图 2.132 示例 b：作品的黑白灰构图

图 2.133 示例 c：色彩的空间创造——三维体块模型

培养目标

不同色相、明度和纯度的色彩会产生不同的距离感，一般明度高、纯度高、较亮的色彩易产生近感，明度低、纯度低、较暗的色彩则易产生远感。黑色与白色是一对补色，也是明度上差异最大的两种色，不同黑白颜料的混合可以调制出不同程度的灰色，如果对经“抽象”构成所得来的平面图形按照黑白明度的对比，赋予一定的空间高度，则可将平面构图转化为三维的空间立体概念模型，完成由“面”到“体”的转化。通过这一系列的训练，加强学生对于空间感知、时空概念和空间构成等方面的基础认识，也为下一步建筑设计和城市设计中体块的变化和各种空间的相互关系的处理打下基础。

解题要素

如示例 a 为蒙德里安的著名平面构成画作，在矩形重组的过程中，对其进行构成元素的“重新着色”，选用不同明度的灰色进行填充，形成示例 b 的黑白灰构图，之后将黑色定义为空间中的最低，白色定义为空间中的最高，不同程度的灰色则置于其中，按照明度的不同，最终将平面构成画作转变为三维体块模型（示例 c）。当然，也可以反过来将白色定义为空间最低，黑色为最高，根据其黑白对比也可以形成一个基于平面构图的三维体块模型。

学生示范作业

图 2.134 作业一：画作临摹

图 2.135 作业一作品的黑白构图

图 2.136 作业一色彩的空间创造 —— 三维体块 Ⅰ

图 2.137 作业一色彩的空间创造 —— 三维体块 Ⅱ

图 2.138 作业一色彩的空间创造 —— 三维体块 Ⅲ

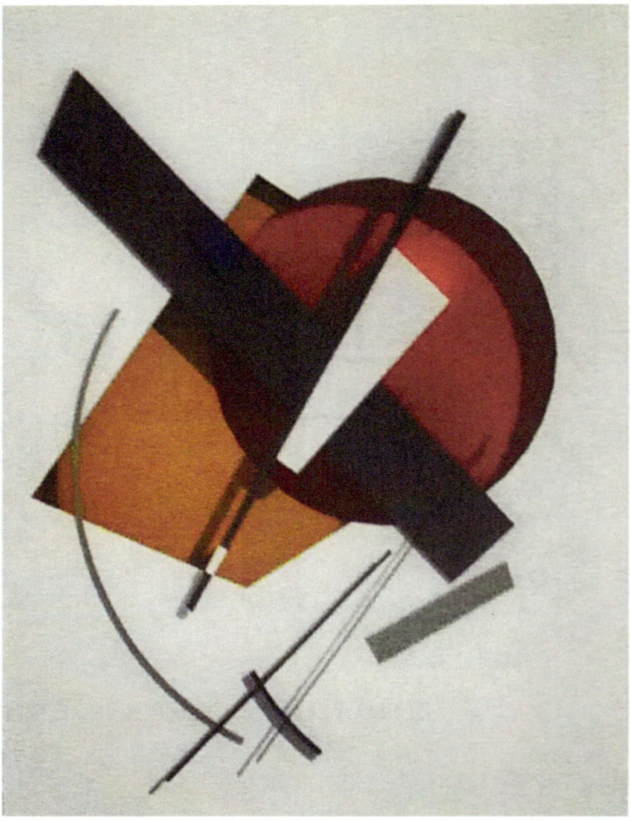

图 2.139 作业一色彩的空间创造——三维体块Ⅳ

学生示范作业

图 2.140 作业二：画作临摹

图 2.141 作业二色彩的空间创造——三维体块模型

图 2.142 作业二作品的黑白构图

图 2.143 作业三：画作临摹

图 2.144 作业三色彩的空间创造——三维体块模型

图 2.145 作业三作品的黑白构图

学生示范作业

图 2.146 作业四：画作临摹

图 2.147 作业四作品的几何提成与黑白构图

图 2.148 作业四色彩的空间创造 —— 三维体块模型

学生示范作业

图 2.149 作业五：画作临摹

图 2.150 作业五色彩的空间创造 —— 三维体块模型

图 2.151 作业五作品的色彩几何提成

图 2.152 作业六：画作临摹

图 2.153 作业六作品的色彩单色重构

图 2.154 作业六色彩的空间创造 —— 三维体块模型

学生示范作业

图 2.155 作业七：画作《戴帽子的妇人》临摹

图 2.156 作业七色彩的几何提成

图 2.157 作业七色彩的空间创造 —— 三维体块模型

学生示范作业

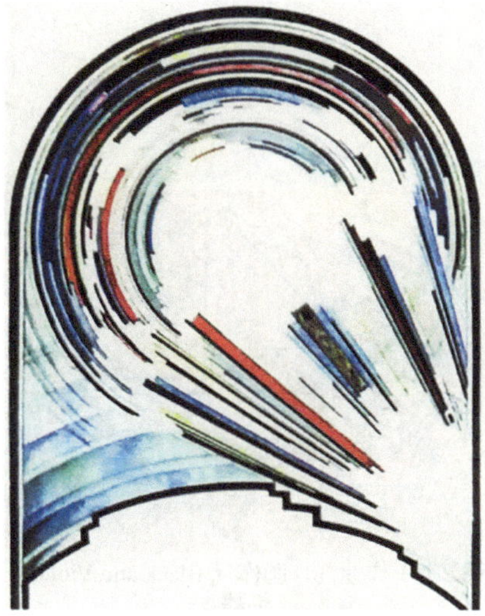

图 2.158 作业八：画作临摹

图 2.159 作业八色彩的空间创造 —— 三维体块模型

图 2.160 作业八色彩的空间创造 —— 三维体块模型

学生示范作业

图 2.161 作业九：画作《Black and Violet》临摹

图 2.162 作业九作品的黑白构图与图底关系 Ⅰ

图 2.163 作业九作品的黑白构图与图底关系 Ⅱ

图 2.164 作业九色彩的空间创造——三维体块模型 Ⅰ

图 2.165 作业九色彩的空间创造 —— 三维体块模型 Ⅱ

学生示范作业

图 2.166 作业十：画作临摹

图 2.167 作业十作品的黑白构图

图 2.168 作业十色彩的空间创造 —— 三维体块模型

图 2.169 作业十一：画作临摹

图 2.170 作业十一作品的黑白构图

图 2.171 作业十一色彩的空间创造 —— 三维体块模型

学生示范作业

图 2.172 作业十二：画作《蔷薇色的重音》临摹

图 2.173 作业十二作品的黑白构图

图 2.174 作业十二色彩的空间创造 —— 三维体块模型

学生示范作业

图 2.175 作业十三：《星空》临摹

图 2.176 作业十三作品的黑白构图

图 2.177 作业十三色彩的空间创造 —— 三维体块模型

图 2.178 作业十四：画作《The Seventh Dimension: Suprematist Stripe Relief》临摹

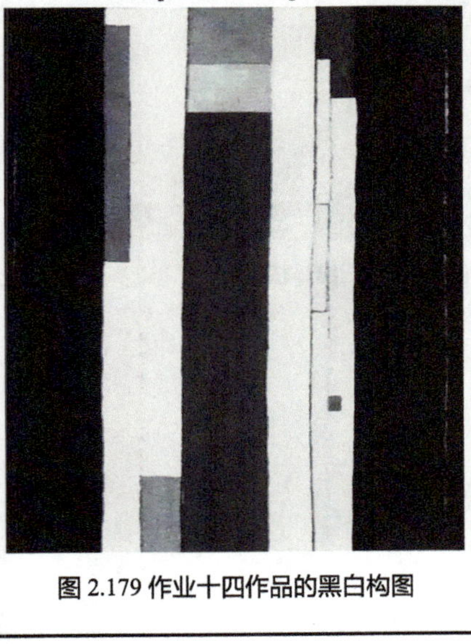

图 2.179 作业十四作品的黑白构图

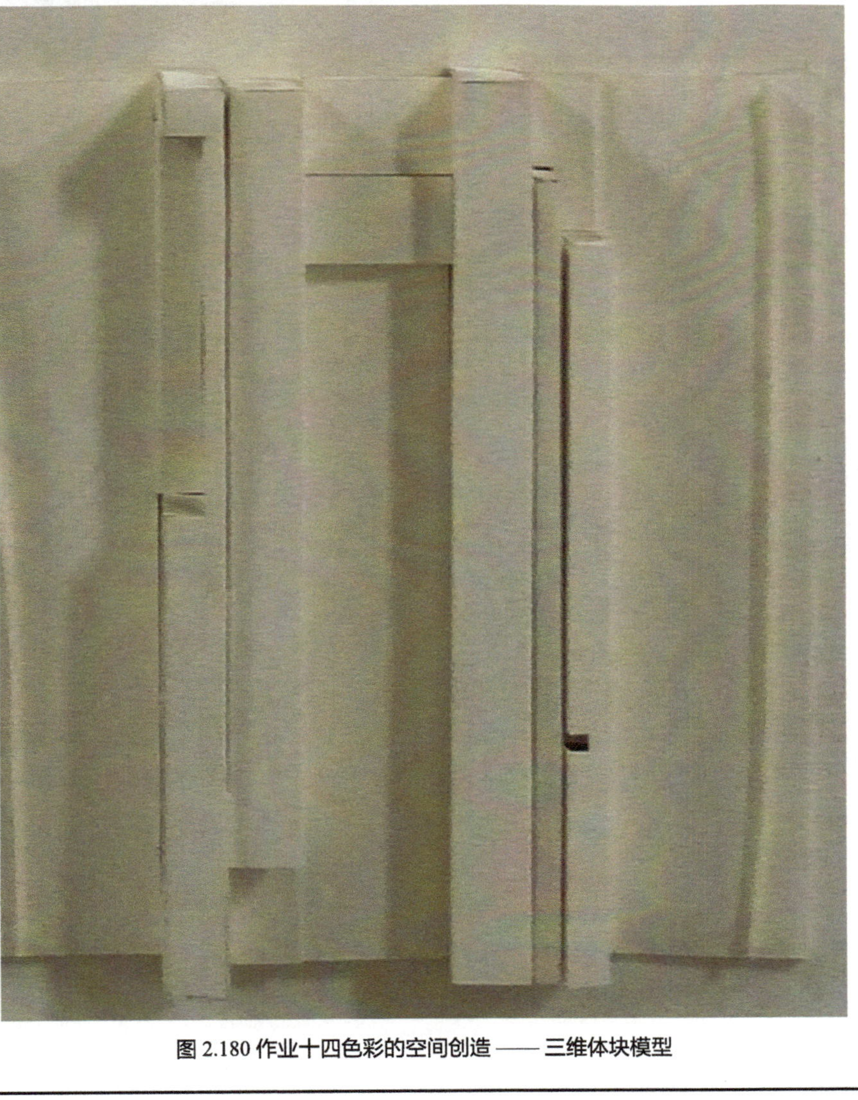

图 2.180 作业十四色彩的空间创造 —— 三维体块模型

学生示范作业

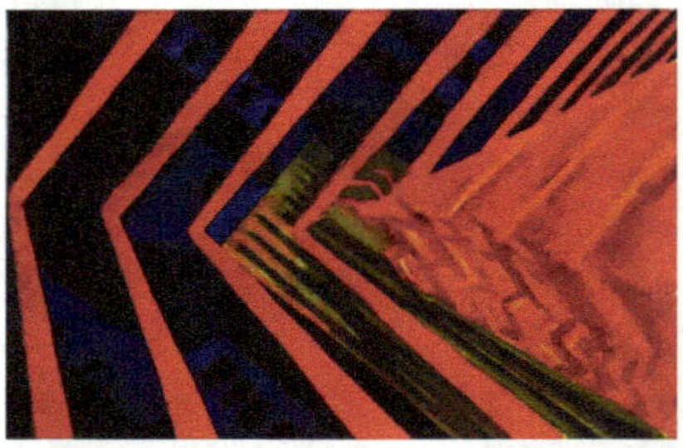

图 2.181 作业十五：画作《The Revolt》临摹

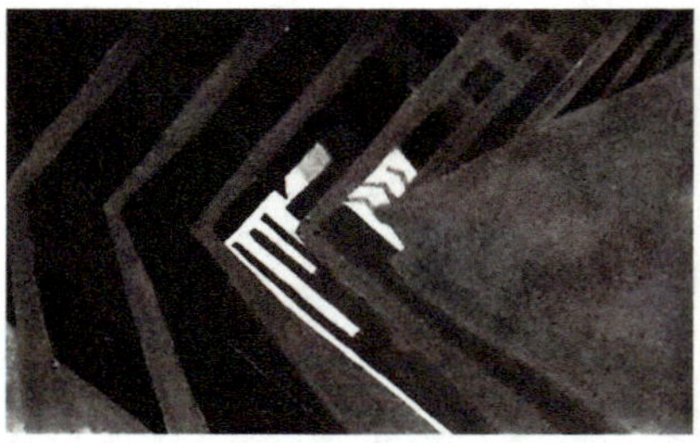

图 2.182 作业十五作品的黑白构图 I

图 2.183 作业十五作品的黑白构图 II

图 2.184 作业十五色彩的空间创造 —— 三维体块模型 I

图 2.185 作业十五色彩的空间创造 —— 三维体块模型 II

学生示范作业

图 2.186 作业十六：画作《对角线插图》临摹

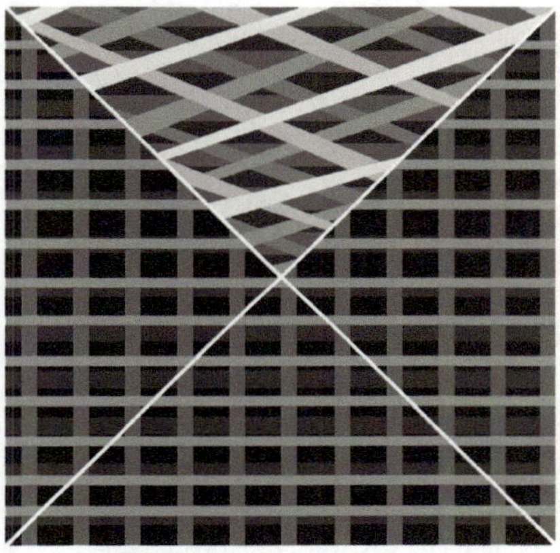

图 2.187 作业十六作品的黑白构图

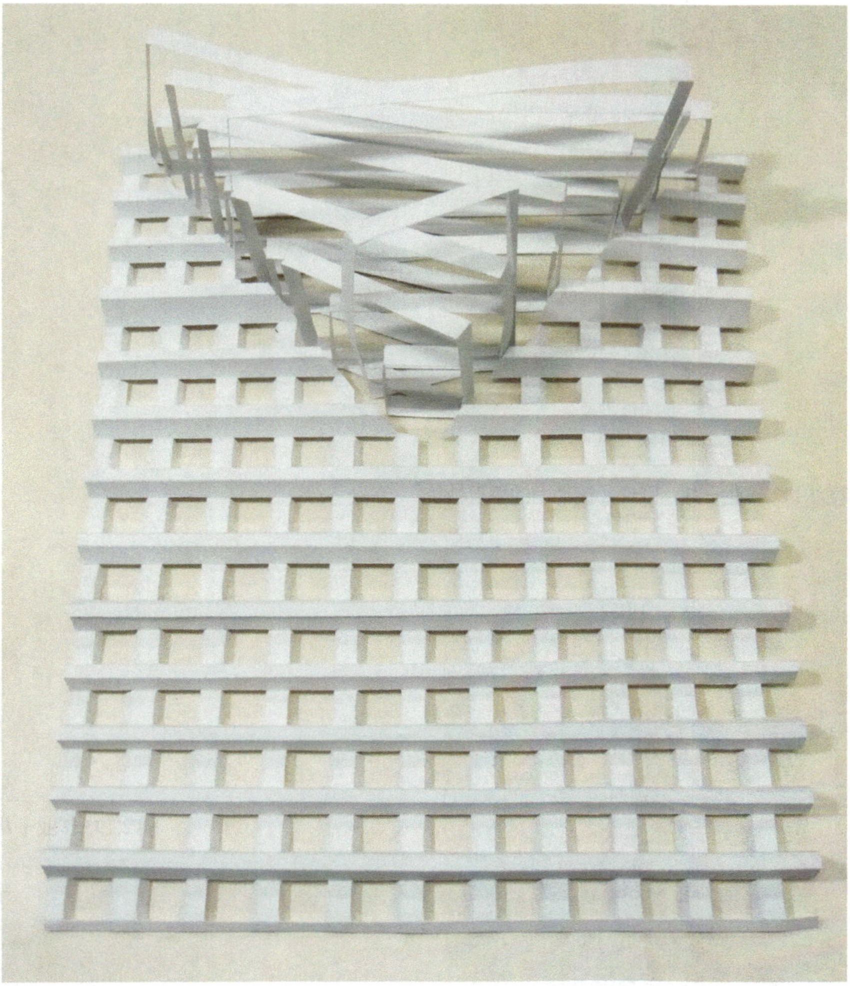

图 2.188 作业十六色彩的空间创造——三维体块模型

图 2.189 作业十七：画作临摹

图 2.190 作业十七作品的黑白构图

图 2.191 作业十七色彩的空间创造 —— 三维体块模型

学生示范作业

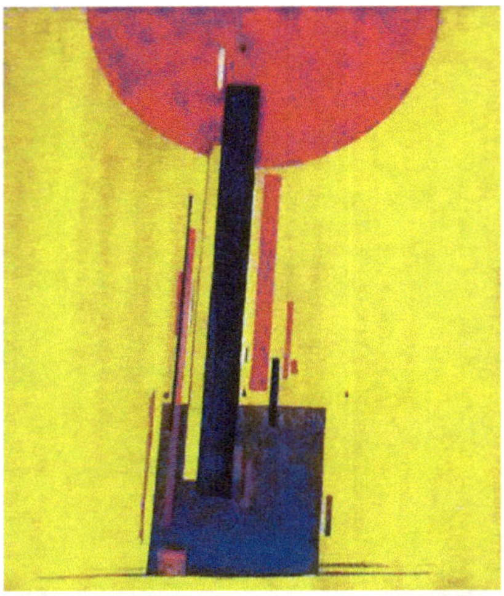

图 2.192 作业十八：画作《运动中的垂直轴线》临摹

图 2.193 作业十八作品的黑白构图 Ⅰ

图 2.194 作业十八作品的黑白构图 Ⅱ

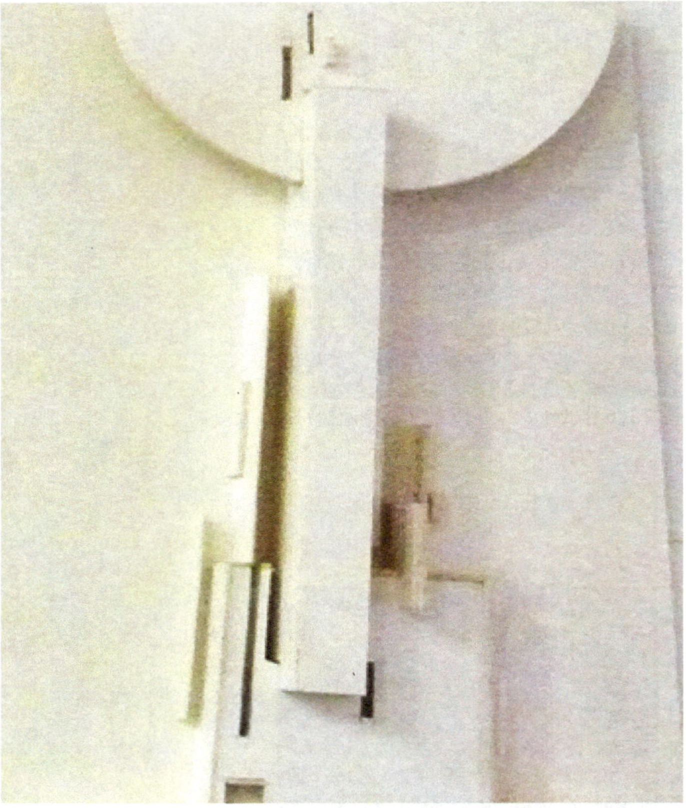

图 2.195 作业十八色彩的空间创造 —— 三维体块模型 Ⅰ

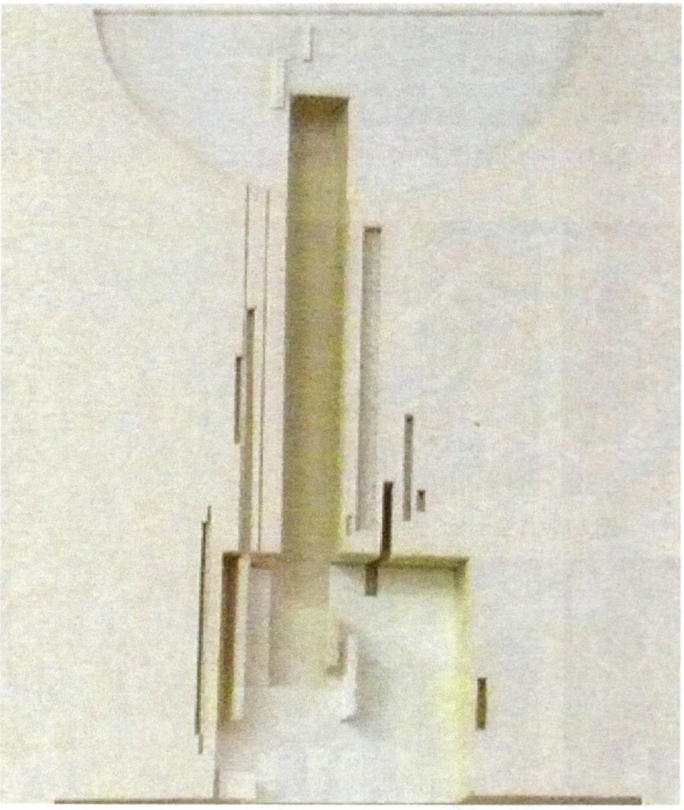

图 2.196 作业十八色彩的空间创造 —— 三维体块模型 Ⅱ

学生示范作业

图 2.197 作业十九：画作《Suprematist Composition (blue rectangle over the red beam)》临摹

图 2.198 作业十九作品的黑白构图 I

图 2.199 作业十九作品的黑白构图 II

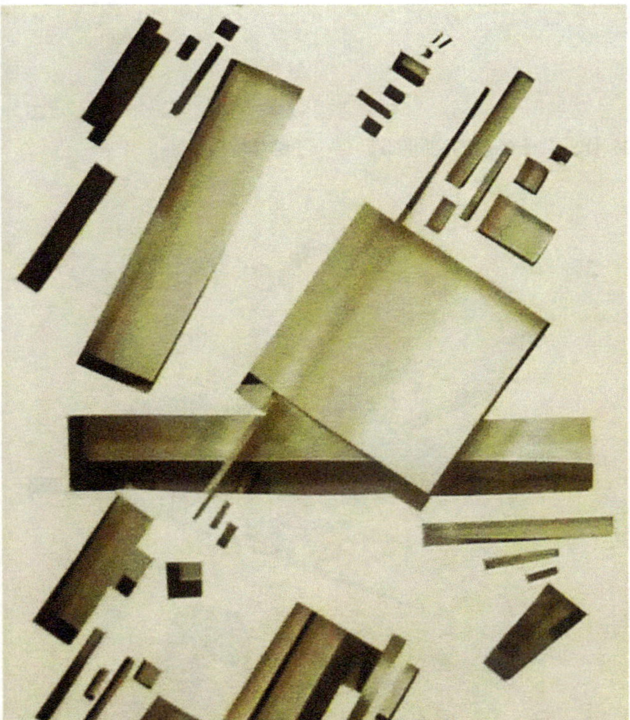

图 2.200 作业十九色彩的空间创造 —— 三维体块模型 I

图 2.201 作业十九色彩的空间创造 —— 三维体块模型 II

学生示范作业

图 2.202 作业二十：画作临摹

图 2.203 作业二十作品的黑白构图

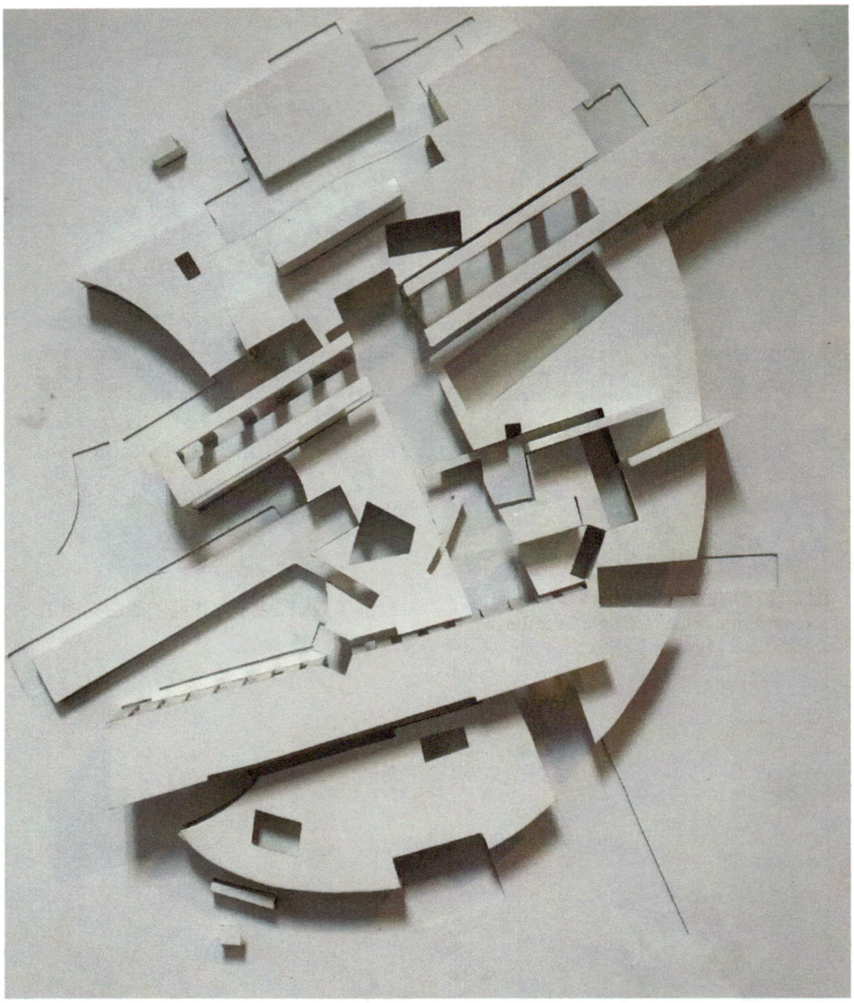

图 2.204 作业二十色彩的空间创造 —— 三维体块模型 Ⅰ

图 2.205 作业二十色彩的空间创造——三维体块模型 Ⅱ

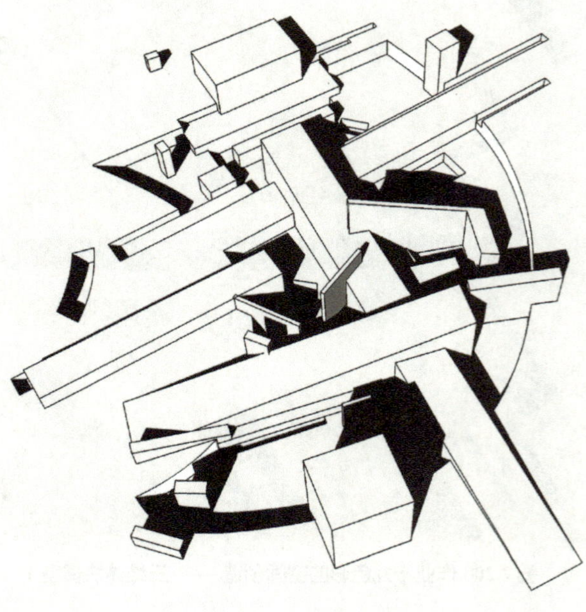

图 2.206 作业二十色彩的空间创造——三维体块模型 Ⅲ

学生示范作业

图 2.207 作业二十一：画作《道坛上的男人（抽象五号）》临摹

图 2.208 作业二十一作品的黑白构图

图 2.209 作业二十一色彩的空间创造——三维体块模型

培养目标

生活中充满了各种色彩，我们身边的物体也是各种色彩的集成。一些物品经过设计师的色彩和造型设计而集成在一起，如果将它们拆卸开来，按照一定的逻辑摆放出来，则可获得与抽象构成同等的艺术美与形式美。因此，本训练着重培养学生对色彩、造型和立体等多个方面的感知和把控能力以及手动创作的能力。

解题要素

选择一个或几个生活中闲置的，或是废弃的物件，在尽量不破坏其组件和内部结构的基础上，将其内部构件完全拆卸，然后按严密的逻辑和自己对美的理解，将这些零构件摆放出来。示例选取的是设计师 Todd McLellan 对自行车完成的拆卸及排列，示例 a（图 2.210）为车子摔碎瞬间的高速摄影，示例 b（图 2.211）是完全被拆开的各种零件，以极其严密的功能逻辑排列出来。

习题九：色彩的“构成”训练

图 2.210 示例 a：车子摔碎瞬间的高速摄影

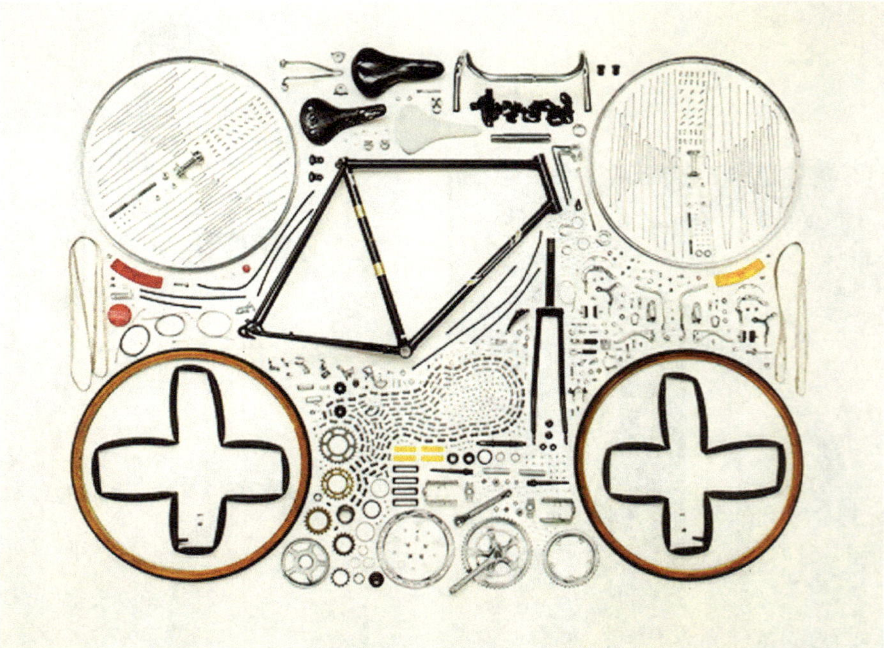

图 2.211 示例 b：完全被拆开的车子各种零件排列

作品展示

图 2.212 手机被摔碎时的高速摄影

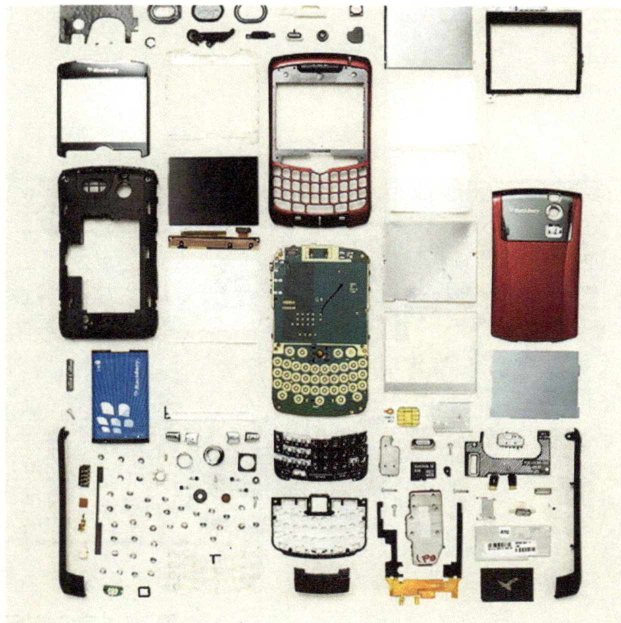

图 2.213 完全被拆开的手机各种零件排列

图 2.214 割草机被摔碎时的高速摄影

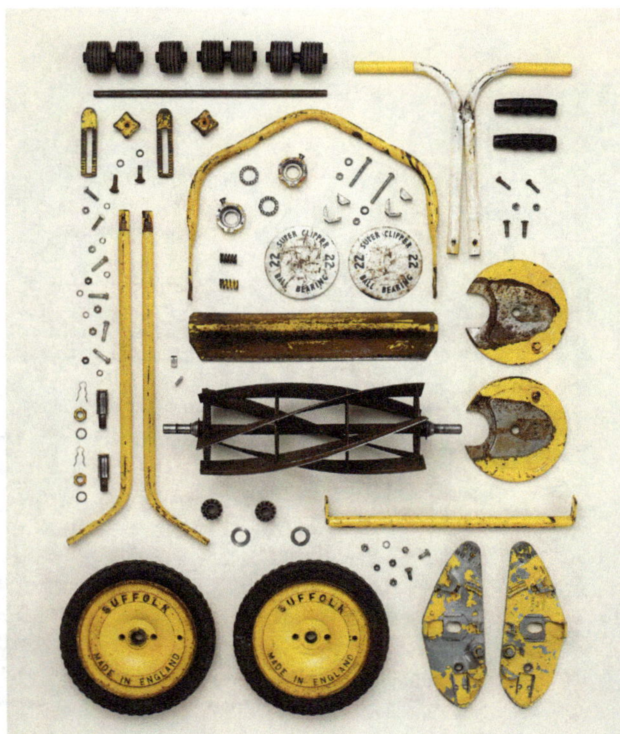

图 2.215 完全被拆开的割草机各种零件排列

作品展示

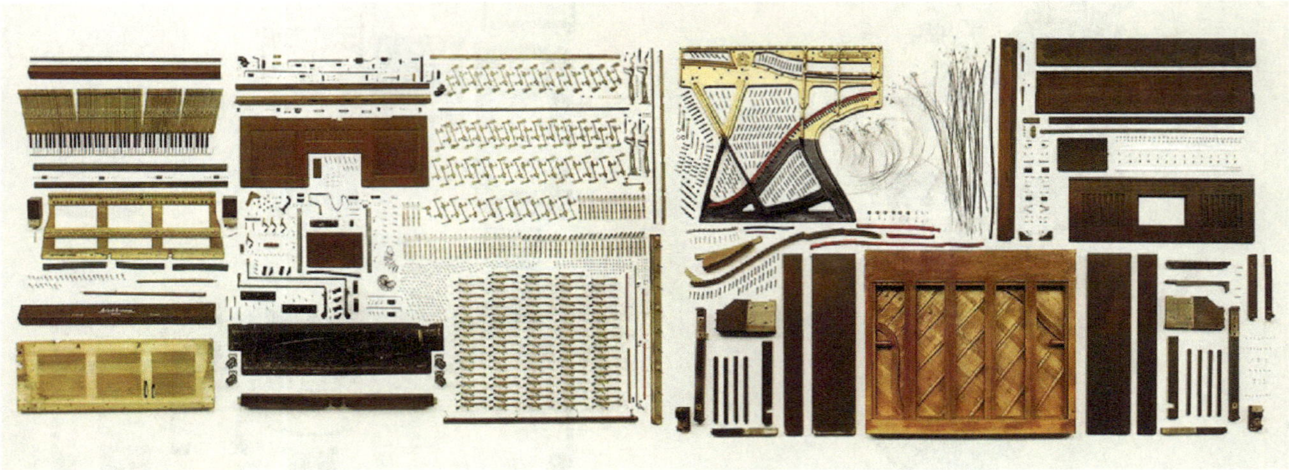

图 2.216 完全被拆开的家具各种零件排列

图 2.217 完全被拆开的汽车各种零件排列

作品展示

图 2.218 完全被拆开的各种物件零件的排列

培养目标

色彩构成训练中对色彩的感知、分析、创新以及之后对色彩空间的创造等一系列过程，最终都是为将来的建筑创作服务的。本训练以低层建筑（3层以下）为例。低层建筑，从立面上看，一般呈现为高度小于宽度，建筑像是“贴”，或是“铺”在地上似的。通过作品分析使学生从大师的建筑作品中体会色彩、建筑材料等因素与“横向”建筑整体的内在关系，学习大师在高度一定的低矮建筑中对材料的选取和色彩的运用方式及创作思路，体会材料及其色彩在水平方向的处理手法。

解题要素

以安藤忠雄设计的水之教堂为例，从感知、理解和升华至理论层面的角度，对其材料、色彩和形态语言进行分析，着重分析其不同的材料、色彩和形态对建筑、环境和整体所产生的影响及人的感受。

习题十：建筑大师作品分析Ⅰ——低层建筑材料色彩及形态语言分析

a

水之教堂

Church on the Water

建筑设计：安藤忠雄
项目地点：日本，星野 TOMAMU 北海道
建设时间：1988 年
建筑面积：520 ㎡

b

c

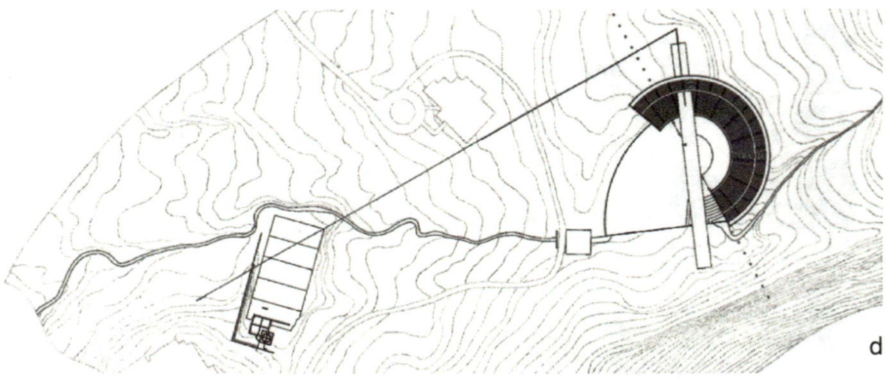

d

e

图 2.219 水之教堂简介

<table>
<tr><td colspan="5">学生示范作业</td></tr>
<tr><td colspan="2">研究方法</td><td>感知</td><td>理解</td><td>原理</td></tr>
<tr><td rowspan="4">材料语言</td><td>石材</td><td>主体采用灰色石墙、黑色铜材和透明玻璃，使建筑有较强的标识性，营造教堂氛围。</td><td>灰色给人以稳重感，黑色发人深省，透明玻璃更是强化了教堂空间的空灵、神权、祈祷和祷告的氛围。</td><td>建筑材料与建筑的功能相协调。</td></tr>
<tr><td>混凝土</td><td rowspan="3"></td><td rowspan="3"></td><td rowspan="3"></td></tr>
<tr><td>玻璃</td></tr>
<tr><td>金属</td></tr>
<tr><td colspan="2">研究方法</td><td>感知</td><td>理解</td><td>原理</td></tr>
<tr><td rowspan="4">色彩语言</td><td>突出印象</td><td>黑白灰在自然色中占有，但不占据；与自然相别，而又相通。</td><td>在自然环境中，寻求人性的真谛。</td><td>建筑应创造与自然空间良好的生长感，尤其对于教堂等宗教建筑，创造归于自然的感觉。</td></tr>
<tr><td>表现感情</td><td rowspan="3"></td><td rowspan="3"></td><td rowspan="3"></td></tr>
<tr><td>识别性</td></tr>
<tr><td>气氛烘托</td></tr>
<tr><td colspan="2">研究方法</td><td>感知</td><td>理解</td><td>原理</td></tr>
<tr><td rowspan="4">形态语言</td><td>图案式</td><td>方形的空间更易于给人以安全感，让人深入其中。</td><td>有序方盒子的叠加，也创造出自然山体高低有序的起伏感，与自然相呼应。</td><td>对于空间的把握，应结合使用者的需求，让人们一方面深入其中，另一方面获得需求。</td></tr>
<tr><td>立体式</td><td rowspan="3"></td><td rowspan="3"></td><td rowspan="3"></td></tr>
<tr><td>形体式</td></tr>
<tr><td>综合式</td></tr>
</table>

图 2.220 水之教堂建筑材料、色彩及形态语言分析

学生示范作业

罗比住宅
Robie House

建筑设计：弗兰克·劳埃德·赖特
项目地点：美国，芝加哥
建设时间：1908 年

图 2.221 罗比住宅简介

学生示范作业

<table>
<tr><td colspan="2">研究方法</td><td>感知</td><td>理解</td><td>原理</td></tr>
<tr><td rowspan="4">材料语言</td><td>石材</td><td colspan="3">赖特不是简单地模仿手工雕刻来表现木材美丽的自然特色，而是为了配合阳台和屋顶的粗长水平线条，选用了长而薄的砖贴墙面与水泥构件。</td></tr>
<tr><td>砖</td><td rowspan="3"></td><td rowspan="3"></td><td rowspan="3"></td></tr>
<tr><td>水泥</td></tr>
<tr><td>木材</td></tr>
<tr><td colspan="2">研究方法</td><td>感知</td><td>理解</td><td>原理</td></tr>
<tr><td rowspan="4">色彩语言</td><td>突出印象</td><td colspan="3">赖特强调材料的本色，只用砖、木、石头、水泥等几种材料，反映了自然特色和人的需要。建筑表皮以砖为材料，使用暖色系的色彩——红棕色罗马砖，与环境相融合。</td></tr>
<tr><td>材料本身</td><td rowspan="3"></td><td colspan="2" rowspan="3"></td></tr>
<tr><td>象征自然</td></tr>
<tr><td>表现情感</td></tr>
<tr><td colspan="2">研究方法</td><td>感知</td><td>理解</td><td>原理</td></tr>
<tr><td rowspan="4">光线玻璃</td><td>人本设计</td><td colspan="3">建筑南立面设置了成排的玻璃窗，增加了采光。业主希望在起居室里能欣赏到街景，可是不想让路人看到他在里面，所以赖特为他设计了 174 扇艺术彩绘玻璃窗和门，不仅大大提高了房间的采光性能，还使室内外很好地融合在一起。彩绘玻璃的运用不仅美观，而且达到了业主欣赏街景却不会让人看到的愿望，同时还不影响采光。</td></tr>
<tr><td>窗</td><td rowspan="3"></td><td rowspan="3"></td><td rowspan="3"></td></tr>
<tr><td>采光</td></tr>
<tr><td>私密性</td></tr>
</table>

图 2.222 罗比住宅建筑材料、色彩及形态语言分析

学生示范作业

a

真言宗本福寺水御堂

建筑设计：安藤忠雄
项目地点：日本，淡路岛
竣工时间：1991 年

b

c

d

e

图 2.223 水御堂简介

学生示范作业

研究方法		感知	理解	原理
材料语言	白砂	清水混凝土融入东方哲学精神，制作精细，处理出细腻的质感和柔和的色彩。	入口铺设与混凝土颜色相近的白砂，营造出一个纯粹的空间。	红色木格中融合透明的玻璃，使建筑空间通透，流动性更强。
	混凝土			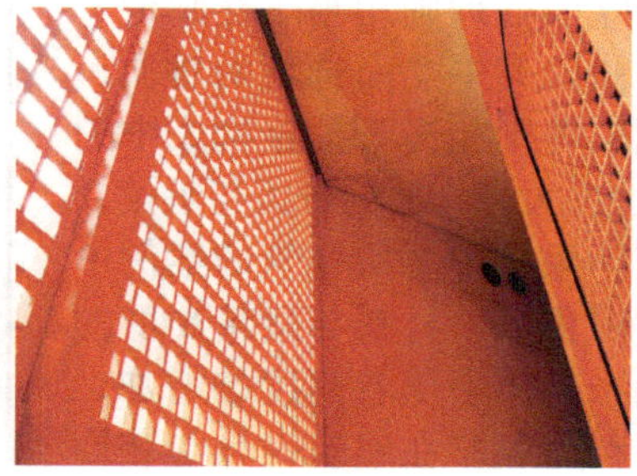
	玻璃			
	木材			
研究方法		感知	理解	原理
色彩语言	突出印象	灰色的清水混凝土与室内红色柱墙围合出神秘而肃穆的氛围。	红色的木格与通透的玻璃可以使光线投射进来，与室内的色彩达到很好的融合。	阳光的射入使得室内空间金碧辉煌，与室内的色彩共同营造出神圣、庄重的气氛。
	表现感情			
	识别性			
	气氛烘托			
研究方法		感知	理解	原理
形态语言	图案式	对称的佛堂平面连接向下的楼梯，共同构成建筑的主要空间。	将建筑掩藏在地下，由地面沿楼梯拾级而上进入佛堂，突出佛堂神秘、庄重的地位。	以天圆地方的思想为主轴，借助简单的“圆”与“方”，赋予神殿以形式。椭圆与矩形的叠加重合，意味着冥想、反省一生的过程。
	立体式			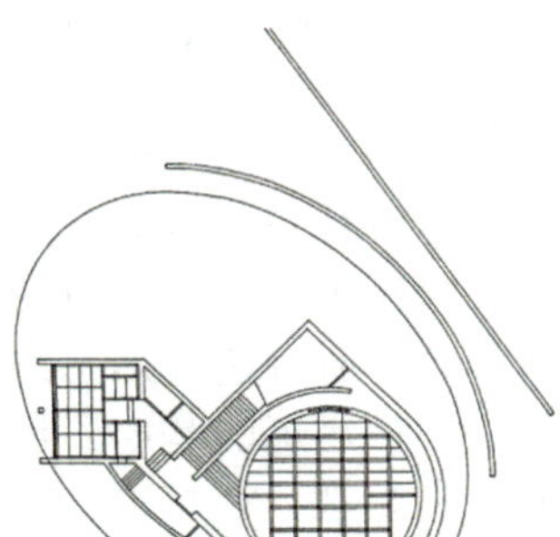
	形体式			
	综合式			

图 2.224 水御堂建筑材料、色彩及形态语言分析

培养目标

色彩构成训练中对色彩的感知、分析、创新以及之后对色彩空间的创造等一系列过程，最终都是为将来的建筑创作服务的。中多层建筑（312层）在立面上近似为高、宽相同，而立面处理则相当于在画板上作画，其中立面选材的材质、色彩等则相当于抽象构成中的色块。大师作品的分析与解读，使学生在中多层建筑的案例中学习色彩、材料与建筑高度的关系，体会随着高度的增加，材料与色彩在建筑设计与装饰中的作用。

解题要素

以深圳美仑酒店公寓为例，从感知、理解和升华至理论层面的角度，对其材料、色彩和形态语言进行分析，体会其中不同的材料所表现出来的色彩和肌理关系，通过建筑形态语言的分析，将建筑的基本图形进行抽象和整理，在材料、色彩和形式三者之间寻求一种内在的关系。

习题十一：建筑大师作品分析Ⅱ——中多层建筑材料色彩及形态语言分析

MAILLEN HOTEL & APARTMENT

美伦酒店+公寓

建筑设计：都市实践
项目地点：中国，深圳
建筑面积：21540 ㎡
用地面积：13948 ㎡

图 2.225 美仑酒店 & 公寓简介

示例作业

研究方法		感知	理解	原理
材料语言	涂料及装饰砼	屋面：铝板与玻璃天窗。	墙面：木材与金属格栅的对比。	墙面：玻璃与涂料的对比。
	砌体及面砖 木材与人造板材 石材与玻璃幕			
研究方法		**感知**	**理解**	**原理**
色彩语言	加强造型印象	色彩的冷暖：浅色立面被绿树包围，带来清凉的感觉。	色彩的轻与重：墙面格栅的轻盈感与木质挑台的体量感形成反差。	金属格栅与竖向大面积透空玻璃对比，虚实对比强烈。
	加强识别性 表现情感 创造气氛			
研究方法		**感知**	**理解**	**原理**
形态语言	图案式	依山势形成波折的建筑整体形态，基地被建筑环抱其中。	房子从“建筑山”中生长出来。	园中凿刻以小池为镜，以桥为舟，与古典园林意境相应。
	立体式 形体式 综合式			

图 2.226 美仑酒店 & 公寓建筑材料、色彩及形态语言分析

学生示范作业

项目地点：中国，台湾
建设时间：1916 年

日月潭涵碧楼
The Lalu

坐落于台湾地区最大的天然湖泊之中的涵碧半岛之上，以最好的视角囊括了日月潭最美的风景，并以全新的设计理念，突破以往酒店设计的藩篱，结合中国式禅风与国际简约风格，锻造出了独一无二的前进式建筑，一跃成为国际顶级酒店中的不朽经典，令世界惊艳。涵碧楼不仅联结了台湾的风土人情与核心景观资源，联结着两岸历史人文的传承与弘扬，更以全新的姿态，成为了日月潭，乃至台湾对接世界的点睛之作。

图 2.227 涵碧楼简介

学生示范作业

研究方法		感知	理解	原理
材料语言	涂料及装饰混凝土	大面积玻璃与木质内饰相互映衬，形成温暖的色调，深色窗框加强对比。	基座入口处采用深色木格栅，突出入口的重要性，使其更为优雅温馨。	木质遮阳格栅与亲水平台、屋檐构成三段式，深浅色调交错。
	砌体及面砖 木材与人造板材 石材与玻璃幕			
研究方法		感知	理解	原理
色彩语言	加强造型印象	白色涂料与深色木质格栅形成鲜明对比，构成暖色基调，给人以古典、优雅的感觉。	别墅区的深色石材、浅色石材与红木进行冷暖对比，加上灯光映照，在夜晚给人“家”的温馨。	独栋别墅入口使用深色石材和白色涂料与木质元素，使整个别墅群用色统一，创造韵律。
	加强识别性 表现情感 创造气氛			
研究方法		感知	理解	原理
形态语言	图案式	从酒店的一侧看过去，酒店由深褐色格栅式阳台和白色体块组成，底部的石材体量掩映在树丛中。	从另一侧的亲水平台看去，酒店底部茶座与人工营造的亲水平台，通过通透的格栅将日月潭的美景引入酒店。	酒店的整体与底部的多种几何形体组合，形成丰富的形体语言，凸显体量。
	立体式 形体式 综合式			

图 2.228 涵碧楼建筑材料、色彩及形态语言分析

学生示范作业

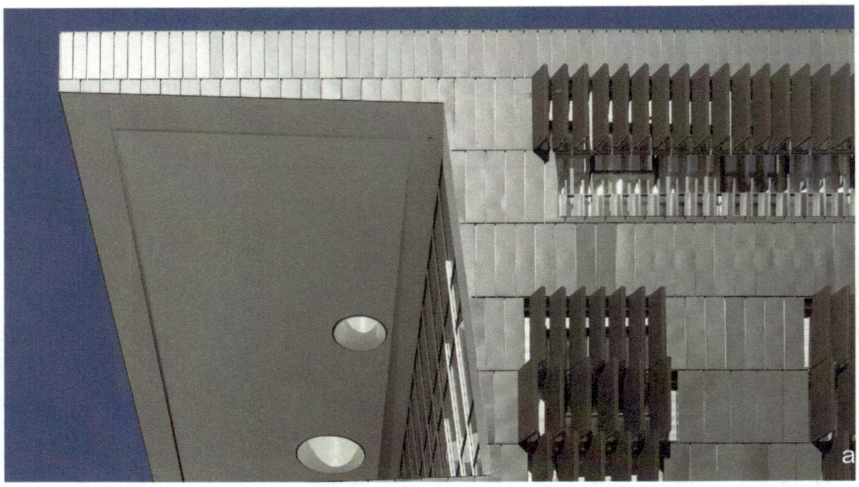

Mythos 神话大楼

建筑设计：ARX 建筑事务所
项目地址：葡萄牙，里斯本
竣工时间：2012 年
占地面积：15300 ㎡

图 2.229 神话大楼简介

学生示范作业

研究方法		感知	理解	原理
材料语言	涂料及装饰混凝土	大面积的整体隐框玻璃幕墙，突出建筑形体，使之更为简洁。	底层部分采用冷灰色石材，突出入口的重要性，使其更为庄重、大气。	顶部黑色哑光铝板与黑色铝板百叶相结合，强调了其标志性。
	砌体及面砖 木材与人造板材 石材与玻璃幕			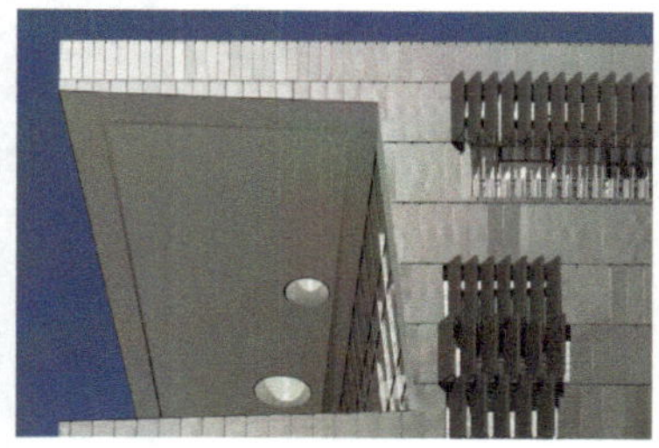
研究方法		感知	理解	原理
色彩语言	加强造型印象	浅色玻璃与黑色铝板形成了整个冷色基调。	白色与黑色的组合，让这座银行大厦更显尊贵和庄重。	下沉广场的装饰混凝土与铝板幕墙形成强烈的对比。
	加强识别性 表现情感 创造气氛			
研究方法		感知	理解	原理
形态语言	图案式	从大厦的一侧看去，该建筑由一个“L”形和一个矩形组成。	从另一侧面看去，建筑的矩形立面被不规则的阳台打破。	通过抽象变形，最终形成的立面图案丰富、有趣。
	立体式 形体式 综合式			

图 2.230 神话大楼建筑材料、色彩及形态语言分析

学生示范作业

清华大学理科楼

建筑设计：关肇邺
项目地点：中国，北京
竣工时间：1999 年交付
建筑面积：1.5 万㎡

图 2.231 清华大学理科楼简介

学生示范作业

研究方法		感知	理解	原理
材料语言	花岗岩	建筑主体采用红色石砖，建筑外立面古朴大方，和校园其他建筑风格统一。	建筑转角处采用大面积的玻璃幕墙，与整个立面玻璃窗穿插组合，简洁整齐。	建筑入口由砖砌拱形门廊组成，突出建筑入口。
	玻璃 混凝土 金属			
研究方法		感知	理解	原理
色彩语言	加强造型印象	建筑整体由红色砖墙与墨蓝色玻璃组合而成，色调简洁干净，突出古朴的味道。	整齐的玻璃窗，与石墙形成鲜明对比，建筑大气稳重。	立面转折处为建筑主入口，用大窗置于中央位置，两边白色立柱，顶部白色的女儿墙，色彩整洁、稳重。
	加强识别性 表现情感 创造气氛			
研究方法		感知	理解	原理
形态语言	图案式	建筑立面中轴对称，由两边相同体量的体块结合而成，突出教学楼的气质。	建筑立面整体为矩形，其中一层为一圈拱形连廊，端部连接拱形小亭子，使造型丰富多变，而又统一其中。	建筑围合一个大的阶梯状的几何广场，绿色草坪融入建筑，建筑也与草坪融为一体。
	立体式 形体式 综合式			

图 2.232 清华大学理科楼建筑材料、色彩及形态语言分析

培养目标

色彩构成训练中对色彩的感知、分析、创新以及之后对色彩空间的创造等一系列过程，最终都是为将来的建筑创作服务的。高层建筑（12 层以上）注重其向上的挺拔，而建筑采用的材料和色彩则可显现出建筑本身具有的轻盈感和厚重感，更能彰显其性格。高层建筑作品分析，培养学生理解材料、色彩与建筑的质感和所表现出的情感关系，更需要从中学习建筑大师对于“竖线条”的处理手法。

解题要素

以秘鲁城市利马的一处五边形住宅为例，从感知、理解和升华至理论层面的角度，对其材料、色彩和形态语言进行分析，体会其中石材、玻璃、钢材等多种材料结合所表现出来的建筑性格和感受；对建筑色彩进行分析，注重其在造型、建筑识别、表现情感和创造气氛等方面的作用；对建筑和各单元运用的形式进行分析，抽象其基本的形式和图形，体会材料、色彩和形式三者之间的一种内在关系。

习题十二：建筑大师作品分析 Ⅲ——高层建筑材料色彩及形态语言分析

五边形住宅

建筑设计：德国 Tammo Prinz 建筑事务所
项目地点：秘鲁，利马

它是德国 Tammo Prinz 建筑事务所提交的秘鲁利马住宅楼竞赛项目方案。大厦建立在方形和十二边形两个几何基础之上。住户经由一个露天剧场式走道进入公共广场，广场位于方形露天区域之中，成为五边形棋盘格布局公寓的完美底座。建筑具有严整的外框，内部形式较为自由，形成包括露台在内的多种格局。

a

b

c

d

图 2.233 秘鲁五边形住宅简介

示例作业

研究方法		感知	理解	原理
材料语言	涂料	石材的边框与内嵌的玻璃材质相互映衬对比，使得建筑很有边界勾勒感。	细看特写，虽然只有简单的石材与玻璃材质，但由于形态的丰富性，使得建筑并不显得单调。	石头材质显重，但由于比重比较小，并没有显得笨重。
	石材			
	玻璃			
	轻钢			
研究方法		感知	理解	原理
色彩语言	加强造型	透明浅冷灰的玻璃落地窗与暖灰的石材形成整个建筑的基调，使得建筑深沉却又丰富，与周边形成鲜明对比。	除了灰色，局部的木质色彩提亮了整个建筑的氛围，不失活泼。	简单的色彩，配上多变的空间造型，一座丰富的建筑就此诞生。
	加强识别			
	创造气氛			
	表现情感			
研究方法		感知	理解	原理
形态语言	图案式	从住宅楼的一侧看去，它由若干个十二面五边形体所组成的，由下及上，由多及少，加强了向上的挺拔感。	单独看一个单元，楼板和轮廓尽显，其余地方镶嵌虚玻璃，虚实对比，材质感明显，形式感突出。	单元与单元之间的富余空间，巧妙地利用角度产生富余，使得户外很丰富。
	立体式			
	形体式			
	综合式			

图 2.234 秘鲁五边形住宅建筑材料、色彩及形态语言分析

学生示范作业

中银大厦

建筑设计：贝聿铭
项目地点：中国，香港
竣工时间：1989 年
建筑面积：12.9 万㎡

a

c

d

b

e

图 2.235 中银大厦简介

学生示范作业

研究方法		感知	理解	原理
材料语言		主体以钢材料以界定与划分，玻璃幕墙为围护，混凝土为基础，稳重而又轻盈。	与背景天空、山体及城市环境良好结合。	建筑表现应注重本身功能与周边环境的协调。
	混凝土 玻璃 金属			
研究方法		感知	理解	原理
色彩语言	突出印象	玻璃幕墙能够实现同环境变化相协调，使得建筑更富有生命力。	重视与周边山体、水域及天空之间的呼应。	建筑创造应在追求独特性的同时，能够更加彰显来自环境的成长力。
	表现感情 识别性 气氛烘托			
研究方法		感知	理解	原理
形态语言	图案式	竹节的上升与挺拔感，在钢筋混凝土的城市里，精神引导功能卓越，因此才能成为城市人心中的标志。	在拥挤的城市空间中，向上争取空间往往是可行之计。	建筑体量高低错落，变化中又不失秩序感，使建筑体量感有很好的把控。
	立体式 形体式 综合式			

图 2.236 中银大厦建筑材料、色彩及形态语言分析

学生示范作业

Kyobo 保险公司新大厦

Kyobo tower

建筑设计：Mario Botta Architetto
项目地点：Seocho，Seoul，South Korea
占地面积：6770 ㎡
建筑面积：92717 ㎡

图 2.237 Kyobo 保险公司新大厦简介

学生示范作业

研究方法		感知	理解	原理
材料语言	涂料及装饰混凝土	大面积的砖墙面作为建筑的主体材料，强化了建筑的几何感。	建筑入口处采用完全玻璃材质，与建筑实体形成鲜明对比，在立面形体上突出入口的位置，从整体上突出入口的重要性。	建筑顶部对称的弧形构成组成建筑的顶部收尾，砖体形式的改变是建筑三段式的微处理。
	砌体及面砖 木材及人造板材 石材及玻璃幕			
研究方法		感知	理解	原理
色彩语言	加强造型印象	建筑材料以单一的红色砖砌体为主，具有鲜明的特色，给人以地方性和诗意的感觉。	建筑采光面为条形玻璃与条形墙面组合，山墙部分为实体墙面，中间留有细小的窗缝，形体间对比鲜明。	建筑室内外都应用传统材料——红砖和木材，使得建筑更加具有人情味和地方特色。
	加强识别性 表现情感 创造气氛			
研究方法		感知	理解	原理
形态语言	图案式	山墙方向看去，建筑像由两个长方体，中间由玻璃盒子连接。	从另一侧面看去，建筑的采光面由三个长方体组成，是完全对称的几何形体。	大厦入口，利用多种几何形体组合，形成丰富的形体语言，凸显入口的位置感和重要性。
	立体式 形体式 综合式			

图 2.238 Kyobo 保险公司新大厦建筑材料、色彩及形态语言分析

学生示范作业

同济规划大厦

建筑设计：原作设计工作室
竣工时间：2010 年
总建筑面积：24622 ㎡
建筑高度：70m

图 2.239 同济规划大厦简介

学生示范作业

<table>
<tr><td colspan="2">研究方法</td><td>感知</td><td>理解</td><td>原理</td></tr>
<tr><td rowspan="4">材料语言</td><td>涂料及装饰混凝土</td><td>大面积的明框玻璃幕墙凸出建筑形体，增加立面层次。</td><td>基座处采用冷灰色铝板，使其更为庄重，大气。</td><td>几种材料相互结合，并穿插使用，使立面更为丰富。</td></tr>
<tr><td>砌体及面砖</td><td rowspan="3"></td><td rowspan="3"></td><td rowspan="3"></td></tr>
<tr><td>木材及人造板材</td></tr>
<tr><td>石材及玻璃幕</td></tr>
<tr><td colspan="2">研究方法</td><td>感知</td><td>理解</td><td>原理</td></tr>
<tr><td rowspan="4">色彩语言</td><td>加强造型印象</td><td>浅蓝色玻璃幕墙与灰色铝板形成了整个冷色基调。</td><td>大厦侧面的灰色铝板让这座大厦更显尊贵和庄重。</td><td>通过大量地使用深色铝材，加强建筑的造型印象以及识别性。</td></tr>
<tr><td>加强识别性</td><td rowspan="3"></td><td rowspan="3"></td><td rowspan="3"></td></tr>
<tr><td>表现情感</td></tr>
<tr><td>创造气氛</td></tr>
<tr><td colspan="2">研究方法</td><td>感知</td><td>理解</td><td>原理</td></tr>
<tr><td rowspan="4">形态语言</td><td>图案式</td><td>方形凸出矩形与长条形凸出矩形结合，丰富立面的形态语言。</td><td>大厦主要使用简单的矩形构图，极具现代感，与周边的建筑在形态语言上形成鲜明的对比。</td><td>大厦顶部的白色铝板相间并且跳跃，使顶部的形态语言更加具有标识性。</td></tr>
<tr><td>立体式</td><td rowspan="3"></td><td rowspan="3"></td><td rowspan="3"></td></tr>
<tr><td>形体式</td></tr>
<tr><td>综合式</td></tr>
</table>

图 2.240 同济规划大厦建筑材料、色彩及形态语言分析

培养目标

1945 年之前，古典、浪漫与折中已不合时宜，受到探新的表现主义、未来主义、构成主义与风格派的影响，现代建筑运动开始登上历史舞台。建筑开始重视功能、新材料、新结构、经济性等，开始重视建筑的空间胜过立面、平面。

以格罗皮乌斯创建的包豪斯校舍为例，其建筑立面简单而又富有艺术感和构成感，通过分析，培养学生发现美的能力，并且分析 20 世纪四五十年代建筑设计和装饰中，材料、色彩等运用的手法和建筑创作的思路。

解题要素

图中以包豪斯校舍为例进行讲述，首先对建筑进行材料、色彩的解读，感知、理解材料和色彩运用的目的和意义，对当时材料的选取和相互之间的搭配与组成作出分析与识别。对于色彩，注重其运用的目的性，并借鉴至自身的设计与创作中。对于形态的语言的积累与分析，则应对建筑立面、平面等图形作出抽象与归纳，总结建筑所采用的各种原始图形与构图方式。

习题十三：建筑大师作品分析 IV——1945 年前（二战前）建筑材料色彩及形态语言分析

a

包豪斯校舍

建筑设计：格罗皮乌斯
项目地点：德国，魏玛
竣工时间：1933 年

b

c

d

图 2.241 包豪斯校舍简介

示例作业

<table>
<tr><td colspan="2">研究方法</td><td>感知</td><td>理解</td><td>原理</td></tr>
<tr><td rowspan="4">材料语言</td><td>抹灰墙</td><td>主体采用白色混凝土墙，使建筑具有较强的标示性，营造建筑氛围。</td><td>立面墙体穿插开窗与整体玻璃幕墙结合，使建筑虚实结合，简洁有序。</td><td>简洁的楼梯造型与现代主义家具。</td></tr>
<tr><td>混凝土</td><td rowspan="3"></td><td rowspan="3"></td><td rowspan="3"></td></tr>
<tr><td>玻璃</td></tr>
<tr><td>金属</td></tr>
<tr><td colspan="2">研究方法</td><td>感知</td><td>理解</td><td>原理</td></tr>
<tr><td rowspan="4">色彩语言</td><td>突出印象</td><td>钢材与玻璃的强烈对比。</td><td>实验工厂内部可分可合，结构采用钢筋混凝土楼板。</td><td>建筑连廊采用玻璃和钢材，使建筑单元整体性强，衬托出塔楼的挺拔感。</td></tr>
<tr><td>表现感情</td><td rowspan="3"></td><td rowspan="3"></td><td rowspan="3"></td></tr>
<tr><td>识别性</td></tr>
<tr><td>气氛烘托</td></tr>
<tr><td colspan="2">研究方法</td><td>感知</td><td>理解</td><td>原理</td></tr>
<tr><td rowspan="4">形态语言</td><td>图案式</td><td>建筑整体由一个个竖向长方体形的单元体排列组合而成，使建筑有很好的空间秩序。</td><td>每个单元体凸出的壁柱在立面上强化了竖向特质，角部的解放也使得建筑看上去更为轻盈，在砖石的烘托下产生了微妙的对比。</td><td>建筑体量高低错落，变化中又不失秩序感，使建筑体量感有很好的把握。</td></tr>
<tr><td>立体式</td><td rowspan="3"></td><td rowspan="3"></td><td rowspan="3"></td></tr>
<tr><td>形体式</td></tr>
<tr><td>综合式</td></tr>
</table>

图 2.242 包豪斯校舍建筑材料、色彩及形态语言分析

学生示范作业

流水别墅

Fallingwater

建筑设计：弗兰克·劳埃德·赖特
项目地点：美国，宾夕法尼亚州匹兹堡郊区熊溪河畔
竣工时间：1934 年
建筑面积：约 380 ㎡

图 2.243 流水别墅简介

学生示范作业

研究方法	感知	理解	原理
材料语言	所有的支柱都是粗犷的岩石，岩石的水平性与支柱的竖直性，产生一种明确的对抗，所有混凝土的水平构件，看似贯穿空间，飞腾跃起，赋予了建筑最高的动感与张力。		

研究方法	感知	理解	原理
色彩语言	水平的杏黄色钢筋混凝土挑板，与从自然中生长出来的毛石墙面对立，象征建筑的自然性、地域性。		

研究方法	感知	理解	原理
形态语言	挑板产生台阶式建筑露台空间，可享受阳光普照与纯净的天空。	条形的玻璃窗削弱墙的概念，在外伸的巨大悬臂阳台下形成阴影。	建筑的视觉中心外移，溪水像是从建筑内部喷涌而出。
	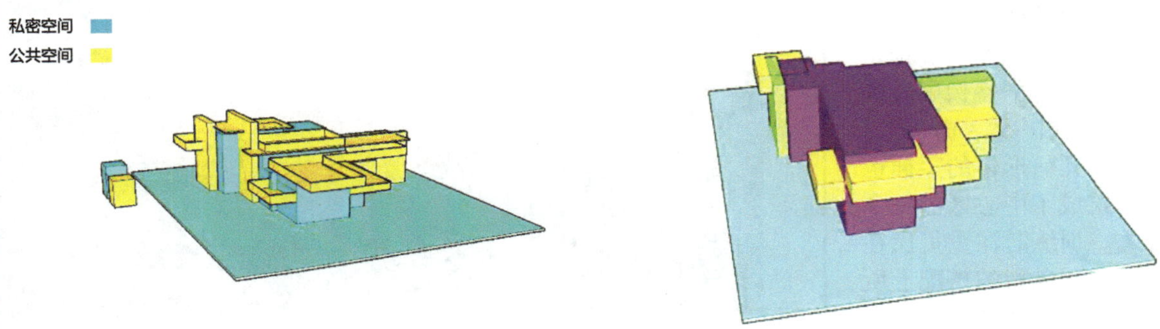		

图 2.244 流水别墅建筑材料、色彩及形态语言分析

培养目标

1945~1980 年，各国各地区发展十分不平衡，出现了众多建筑思潮。高层、大跨度建筑开始出现，建筑工业化日益成熟，一些新的建筑理念也开始出现，并开始被世人接受与推崇。现代主义意识到了建筑既要满足人们的物质需要又要满足人们的感情需要，从对技术与理性的疯狂追求转向了对于人文的关怀。

本训练着重培养学生对于战后迅速恢复的建筑历史的熟知与掌握，理解当时建筑设计中采用材料与建筑装饰色彩的内涵及其人文方面的表达，更重要的是，理解这一时期建筑从装饰材料、外表色彩和形态等多方面对历史的尊重与建筑氛围的营造。

解题要素

示例为贝聿铭设计的美国国家美术馆东馆，白色大理石与玻璃相结合的建筑外表，配以花岗石的地面和室内装饰，使得这座建筑与华盛顿中心区的色调和氛围相一致，而“H”形的立面和几何形体的穿插也让这座建筑成了中心区的一个新的标志。训练时注重贝氏在材料的选取和色彩的搭配上所下的功夫，更应注重其在形态设计上的“简单而不简约”。

习题十四：建筑大师作品分析 V——1945~1980 年建筑材料色彩及形态语言分析

a

美国国家美术馆东馆

建筑设计：贝聿铭
项目地点：美国，华盛顿

贝聿铭设计的美国国家美术馆（即西馆）的扩建部分，1978 年落成。它包括展出艺术品的展览馆、视觉艺术研究中心和行政管理机构用房。

东馆周围是重要的纪念性建筑，业主又提出了许多特殊要求。贝聿铭综合考虑了这些因素，妥善地解决了复杂而困难的设计问题，因而蜚声世界建筑界，并获得了美国建筑师协会金质奖章。

b

c

d

e

图 2.245 美国国家美术馆东馆简介

示例作业

研究方法		感知	理解	原理
材料语言		厚重的大理石墙面与通透的玻璃幕墙形成对比。	入口处通过体块的缩进构成灰色空间，强调入口的空间引导性。	“H”形的形体与大理石墙面形成标识性景观。
	大理石墙面 玻璃幕墙 花岗石地面			
研究方法		感知	理解	原理
色彩语言		从远处看，大理石的墙面形成庄重、文静的气质，具有标识性。	采用了与西馆相同的大理石材料，保证了色彩的一致性，也营造了一定的历史氛围。	建筑内外的色彩一致，形成了一种浑然一体的自然感。
	加强识别 创造气氛 表现情感			
研究方法		感知	理解	原理
形态语言	图案式	建筑是以三角形、菱形、矩形等几何形为基本单元，进行立体化的组合、穿插而成的。	立面以矩形为原型，多个矩形之间拥有严格的比例关系。	建筑整体的形态几何化明显，组合丰富而又有层次。
	立体式 形体式 综合式			

图 2.246 美国国家美术馆东馆建筑材料、色彩及形态语言分析

学生示范作业

理查德医学研究中心

建筑设计：路易斯·康
项目地点：美国，宾夕法尼亚大学
建设时间：1961 年
建筑面积：约 9951 ㎡

图 2.247 理查德医学研究中心简介

学生示范作业

研究方法		感知	理解	原理
材料语言	红砖	主体采用红色砖墙，使建筑具有较强的标识性，营造建筑氛围。	立面墙体穿插开窗与整体玻璃幕墙结合，使建筑虚实结合，简洁有序。	局部裸露的混凝土柱子、混凝土梁，使建筑体量感十足。
	混凝土			
	玻璃			
	金属			

研究方法		感知	理解	原理
色彩语言	突出印象	建筑整体由红色砖墙与玻璃相结合，使建筑具有体量感，同时又不失轻盈性。	建筑细部用灰色混凝土表皮，突出建筑氛围和雕塑感，使建筑大气、稳重。	建筑主体采用红色砖石，使建筑单元整体性强，使塔楼挺拔感增强。
	识别性			
	表现情感			
	创造气氛			

研究方法		感知	理解	原理
形态语言	图案式	建筑整体由一个个竖向长方体的单元排列组合而成，使建筑有很好的空间秩序。	竖向的构件强调了建筑的挺拔，与玻璃之间对比协调，烘托出建筑稳重而又轻盈的氛围。	体量高低错落，变化中不失秩序感，建筑体量很好地体现了出来。
	立体式			
	形体式			
	综合式			

图 2.248 理查德医学研究中心建筑材料、色彩及形态语言分析

培养目标

1980~1990年，建筑界出现了各种思潮、流派与新探索，出现了热衷于古典建筑元素的后现代建筑，还有折射后工业时代对于文明与文化的关系的种种思考的新地域主义的实践以及高新技术在建筑设计中的广泛应用。因此，本训练的目标即为对本时期建筑的“百花齐放”进行了解与掌握，理解各个建筑设计派别在建筑的材料选取和颜色粉饰手法上的不同和特点以及对建筑高度和形态的把控。

解题要素

示例为KPF事务所设计的法兰克福DG银行总部大厦，在训练时，先将建筑使用的材料进行罗列，感知、理解每种材料的使用方式和手法、目的及其表现出来的情感和效果；对色彩的分析，注重其在印象、感情、标识性和建筑氛围烘托等方面的效果；对于建筑形态语言的分析，则重点为发现建筑整体所采用的简单、原始的几何图形或抽象语言，并发现这些图形的出现所带来的效果和重要性。

习题十五：建筑大师作品分析Ⅵ——1980~1990年建筑材料色彩及形态语言分析

韦斯滕大街1号/DG银行总部大厦

建筑设计：KPF事务所
项目地点：德国，法兰克福
建筑面积：高层办公塔楼57000㎡
低层办公楼20000㎡

图2.249 DG银行总部大厦简介

示例作业

<table>
<tr><td colspan="2">研究方法</td><td>感知</td><td>理解</td><td>原理</td></tr>
<tr><td rowspan="4">材料语言</td><td>涂料及装饰混凝土</td><td>大面积的整体隐框玻璃幕墙，突出建筑形体，使之更为简洁。</td><td>基座入口处采用冷灰色石材，突出入口的重要性，使其更为庄重、大气。</td><td>顶部明框式玻璃幕墙与浅灰色铝板相结合，并且突出顶部圆弧形铝板造型，强调了其标志性。</td></tr>
<tr><td>砌体及面砖</td><td rowspan="3"></td><td rowspan="3"></td><td rowspan="3"></td></tr>
<tr><td>木材与人造板材</td></tr>
<tr><td>石材与玻璃幕墙</td></tr>
<tr><td colspan="2">研究方法</td><td>感知</td><td>理解</td><td>原理</td></tr>
<tr><td rowspan="4">色彩语言</td><td>突出印象</td><td>浅蓝色玻璃幕墙与灰色铝板形成了整个冷色基调，使其与周边的深色古典建筑形成鲜明对比。</td><td>基座的冷灰色宽、窄缝相间的石材幕墙，让这座银行大厦更显尊贵和庄重。</td><td>基座的全透明玻璃幕墙与上部的半透明幕墙形成对比，同时使裙房的内部空间与周边环境很好地融合。</td></tr>
<tr><td>加强识别性</td><td rowspan="3"></td><td rowspan="3"></td><td rowspan="3"></td></tr>
<tr><td>表现情感</td></tr>
<tr><td>创造气氛</td></tr>
<tr><td colspan="2">研究方法</td><td>感知</td><td>理解</td><td>原理</td></tr>
<tr><td rowspan="4">形态语言</td><td>图案式</td><td>从大厦的一侧看去，大厦由一个半圆柱形体、一个长方体及底部的立方体组成。</td><td>从另一侧面看去，大厦塔楼下部是长方体矩形，上部收缩，仍是长方体形，形成阶梯状。</td><td>大厦入口处利用多种几何形体组合，形成丰富的形体语言，凸显入口的位置。</td></tr>
<tr><td>立体式</td><td rowspan="3"></td><td rowspan="3"></td><td rowspan="3"></td></tr>
<tr><td>形体式</td></tr>
<tr><td>综合式</td></tr>
</table>

图 2.250 DG 银行总部大厦建筑材料、色彩及形态语言分析

学生示范作业

乌尔姆市政厅

建筑设计：理查德·迈耶
项目地点：德国，乌尔姆
时间：1986 年
建筑面积：929 m²

图 2.251 乌尔姆市政厅简介

学生示范作业

研究方法		感知	理解	原理
材料语言	涂料及装饰混凝土	大面积的白色幕墙突出建筑的纯净，将建筑和环境很好地区分开。	基座人口采用冷灰色的石材，突出人口的重要性，使整个建筑更为庄重、大气。	透明的玻璃和白色的幕墙相结合，强调建筑的视觉感。
	砌体及面砖 木材与人造板材 石材与玻璃幕墙			
研究方法		感知	理解	原理
色彩语言	突出印象	洁白的建筑与高大的乌尔姆教堂形成对比，在环境的衬托下突出建筑的清新脱俗。	建筑的外围结构成为建筑的装饰，基本的几何圆形和方形相互穿插。	建筑顶部透明的玻璃和白色的框架相结合，将建筑室内外空间融合。
	加强识别性 表现情感 创造气氛			
研究方法		感知	理解	原理
形态语言	图案式	从侧面看，建筑由两个弧形和一片方形片墙相互穿插组合而成。	从正面看，建筑则由方形、圆形和三角形等基本几何图形组成。	建筑入口，利用多种几何形体组合，形成丰富的形体语言，凸显入口的位置感。
	立体式 形体式 综合式			

图 2.252 乌尔姆市政厅建筑材料、色彩及形态语言分析

学生示范作业

a

戴维斯博物馆和文化中心

建筑设计：拉菲尔·莫内欧
项目地点：美国，马萨诸塞
时间：1989 年

b

c

d

图 2.253 戴维斯博物馆和文化中心简介

学生示范作业

研究方法		感知	理解	原理
材料语言	涂料及装饰混凝土	红色砌砖为主要建筑立面材料，结合白色涂料的使用，使建筑立面材料与色彩都更加丰富。	砖墙、石材与玻璃三种材料对比结合，精练简洁的建筑形象油然而生。	红色砖墙是对传统的最好诠释，与白色石材结合是传统与现代的对话。
	砌体及面砖 木材与人造板材 石材与玻璃幕墙			
研究方法		感知	理解	原理
色彩语言	加强造型印象	红色砖墙、白色石材与玻璃三种材料对比结合，形成丰富的建筑立面形式。	传统材料的结合使用，使建筑表现出对地方文化的尊重与谦和的态度，更好地与老建筑融为一体。	建筑内部空间层次丰富，而建筑的实质是作为艺术品的容器。
	加强识别性 表现情感 创造气氛			
研究方法		感知	理解	原理
形态语言	图案式	简洁的几何形态外墙上有极少的开窗，具有“保险箱”的意念。白色的金属条给简单的红色砖墙增添了灵气与生机。	建筑的外形十分简洁，由三个近乎单纯的几何体连接而成。顶部连续重复的三角形窗口使单纯的几何体富有趣味。	剪刀楼梯分割的内部空间，由下而上非常通透，使进入博物馆内部的人有一种被包围的感觉，营造了一种气氛。
	立体式 形体式 综合式		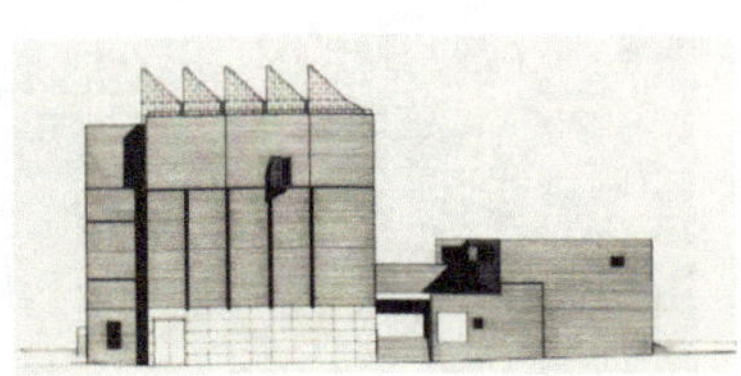	

图 2.254 戴维斯博物馆和文化中心建筑材料、色彩及形态语言分析

培养目标

1990年以来建筑界又出现了一种先锋派特征的、被称为解构主义的新思潮，建筑界开始关注一种继承和发展现代建筑一个明显特征的潮流——向“简约”回归，即极少主义。建筑的设计与建造对形式、元素和方式进行一定程度的简化，追求建筑整体性的表达，强调建筑与场所的关联，十分重视材料的表达，以对材料的关注替代建筑的社会、文化和历史意义。本训练的目标即为深入了解90年代以来建筑界出现的新思潮的各种特点，理解各种新材料的运用对建筑思想和情感的表达所产生的作用。同时，极少主义对建筑形式的简化过程与思路也值得我们学习与借鉴。

解题要素

案例为诺曼·福斯特爵士设计的法兰克福商业银行大厦，首先对大厦平面、立面和整体形象进行认知，理解这座现代建筑的自身性格及与环境的关系，从材料角度入手，感知和理解不锈钢、混凝土、玻璃等材料在表现建筑的轻盈与厚重方面，在向上与基础方面的方式；从色彩所表达的识别性和气氛、情感等方面把控其与周边建筑的关系；从形态的角度理解各种简单的几何图形是如何组成一座现代建筑的。

习题十六：建筑大师作品分析Ⅶ——1990年至今的建筑材料色彩及形态语言分析

法兰克福商业银行大厦
Commerz bank-Tower

建筑设计：诺曼·福斯特爵士
项目地点：德国，法兰克福
建设时间：1994年

图2.255 法兰克福商业银行大厦简介

示例作业

<table>
<tr><td colspan="2">研究方法</td><td>感知</td><td>理解</td><td>原理</td></tr>
<tr><td rowspan="4">材料语言</td><td>不锈钢钢材</td><td>建筑大面积使用不锈钢金属材料，突出建筑的庄重大气、坚硬稳重的特点。</td><td>在金属表皮间穿插玻璃，增强建筑的序列性，沉稳又不失轻盈，虚实相间。</td><td>中庭采用玻璃和钢材，使建筑挺拔，突出向上的动势。</td></tr>
<tr><td>混凝土</td><td rowspan="3"></td><td rowspan="3"></td><td rowspan="3"></td></tr>
<tr><td>玻璃幕墙</td></tr>
<tr><td>石材</td></tr>
<tr><td colspan="2">研究方法</td><td>感知</td><td>理解</td><td>原理</td></tr>
<tr><td rowspan="4">色彩语言</td><td>突出印象</td><td>建筑整体大面积金属与玻璃相结合，虚实对比。</td><td>与周围建筑关系融洽。</td><td>绿色平台使建筑室内外有机融合。</td></tr>
<tr><td>加强识别性</td><td rowspan="3"></td><td rowspan="3"></td><td rowspan="3"></td></tr>
<tr><td>表现情感</td></tr>
<tr><td>创造气氛</td></tr>
<tr><td colspan="2">研究方法</td><td>感知</td><td>理解</td><td>原理</td></tr>
<tr><td rowspan="4">形态语言</td><td>图案式</td><td>体块关系与周围环境相融合，城市天际线也发生变化。</td><td>形态奇特的入口空间，突出新建筑的新特点。</td><td>顶部的形态特征，将现代功能进行形式化处理，使整个建筑的高度和挺拔感更加突出。</td></tr>
<tr><td>立体式</td><td rowspan="3"></td><td rowspan="3"></td><td rowspan="3"></td></tr>
<tr><td>形体式</td></tr>
<tr><td>综合式</td></tr>
</table>

图 2.256 法兰克福商业银行大厦建筑材料、色彩及形态语言分析

学生示范作业

马来西亚国家石油双子塔

建筑设计：西萨·佩里
项目地点：马来西亚，吉隆坡
竣工时间：1996 年
建筑面积：28.95 万㎡

图 2.257 马来西亚国家石油双子塔简介

学生示范作业

研究方法		感知	理解	原理
材料语言	不锈钢	建筑大面积使用不锈钢金属材料，突出建筑的庄重大气。	在金属表皮之间穿插玻璃，增强建筑的序列感，沉稳而又不失轻盈，虚实相间。	建筑顶部采用金属表皮，使建筑挺拔，突出向上的动势。
	混凝土			
	玻璃			
	石材			
研究方法		感知	理解	原理
色彩语言	突出印象	金属与玻璃相结合，虚实对比。	基座采用石材和玻璃幕墙，使建筑大气稳重。	建筑入口通透的玻璃幕墙渗透出建筑内部的灯光，使建筑室内外有机融合。
	表现感情			
	识别性			
	气氛烘托			
研究方法		感知	理解	原理
形态语言	图案式	从立面看，建筑由几个圆柱体排列组成，用基座和天桥连接两个塔楼。	建筑顶部层层向心收缩形成阶梯状，使建筑挺拔感十足。	两个塔楼由空中天桥连接，既起到稳定建筑的作用，又使得建筑造型富有特点。
	立体式			
	形体式			
	综合式			

图 2.258 马来西亚国家石油双子塔建筑材料、色彩及形态语言分析

学生示范作业

上海中银大厦
（原上海国际金融大厦）

建筑设计：日建设计
项目地点：中国，上海
时间：2000 年
建筑面积：110000 ㎡

a

b

c

图 2.259 上海中银大厦简介

学生示范作业

研究方法		感知	理解	原理
材料语言	涂料及装饰混凝土	建筑可大体分为两个部分，上半部分使用大面积的玻璃凸显轻盈感。	下半部分材料相对较为厚重，使整个建筑体量显得较为稳固。	上下两部分的材料质感对比明显，建筑显得轻盈挺拔而又稳固。
	砌体及面砖 木材与人造板材 石材与玻璃幕墙			
研究方法		感知	理解	原理
色彩语言	加强造型印象	整个建筑用色简洁，上半部分玻璃颜色与天空近似，下半部分色彩与周边建筑相呼应。	室内布置，采用淡淡的暖色系，拉近建筑与人的距离，减少两者之间交易产生的疏离感。	
	加强识别性 表现情感 创造气氛			
研究方法		感知	理解	原理
形态语言	图案式	简单的现代几何图形，凸显出建筑的现代性。	建筑上虚下实，体块和虚实构图突出建筑的高度和挺拔。	椭圆与菱形体的巧妙组合以及现代饰面材料的运用，两者的结合彰显出建筑的现代气息。
	立体式 形体式 综合式			

图 2.260 上海中银大厦建筑材料、色彩及形态语言分析

学生示范作业

宁波博物馆

建筑设计：王澍
项目地点：中国，宁波
竣工时间：2008 年
建筑面积：30325 ㎡

图 2.261 宁波博物馆简介

学生示范作业

研究方法		感知	理解	原理
材料语言	瓦片墙	使用色调相近的传统材料，在现代的形体与手法下表现出不失传统的美感。	利用不同材料本身的色调，组合成统一但丰富的立面效果。	顶部使用较为深色的材料，立面局部有自然而统一的色彩变化。
	砌体及旧砖 竹条模板混凝土 玻璃窗洞			
研究方法		感知	理解	原理
色彩语言	排列	以灰色砖瓦的原色为基本色调，以混凝土的颜色进行统一与协调，红砖进行点缀。	相近的材料原色使建筑本身色调统一，局部加入红砖变得丰富而不凌乱，传递出传统建筑的庄重与朴实。	局部玻璃窗洞与厚实的砖墙形成对比，同时可增强整个建筑的通透性与立面的丰富性。
	组合 连接 交叉			
研究方法		感知	理解	原理
形态语言	平行	从建筑的一侧望去，建筑由几个叠放的长方体组成，加上局部变形。	由空中俯瞰整个建筑，又可看作一个完整的长方形体块通过减法加局部变形生成。	从体块的连接顶面感受由上部体块带来的围合与丰富的空间层次感。
	比例 平衡 斜切			

图 2.262 宁波博物馆建筑材料、色彩及形态语言分析

学生示范作业

绩溪博物馆

建筑设计：李兴刚
项目地点：中国，安徽
竣工时间：2013 年
建筑面积：10003 ㎡

图 2.263 绩溪博物馆简介

学生示范作业

研究方法		感知	理解	原理
材料语言	涂料	运用徽派建筑的白墙灰顶，使博物馆成为县城的一个有机组成部分，诠释并创新传统建筑。	将传统建筑元素中的砖、窗洞引入其中，稍改变设计手法，给人一种全新的视觉、触觉体验。	大面积的玻璃将传统与现代巧妙地结合起来。
	砌体			
	木材			
	金属			
研究方法		感知	理解	原理
色彩语言	加强造型印象	白墙、灰瓦使得建筑完全融入小城，同时朴素的色彩又衬托出了自然的生机。	深色线脚和地面的石块与屋顶相呼应，同时在立面上又通过其面积大小的不同衬托屋顶的轻盈。	内部的门、楼梯构件等使用木材，使得建筑更具有亲和力，同时以暖色调作为点缀。
	加强识别性			
	表现情感			
	创造气氛			
研究方法		感知	理解	原理
形态语言	图案式	建筑群体为方形，且手法上多用直线。	立面上与当地建筑有诸多相似之处，但又稍有不同，既内敛又引人注目。	局部运用多种或传统、或现代的手法以丰富大面积的墙体，利用光线创造出令人惊叹的光影效果，表现建筑与自然的相互融合。
	立体式			
	形体式			
	综合式			

图 2.264 绩溪博物馆建筑材料、色彩及形态语言分析

学生示范作业

清华大学美术学院

建筑设计：美国 Perkins &Will 公司与北京市建筑设计研究院合作
项目地点：中国，北京
竣工时间：2009 年
建筑面积：60800 ㎡

图 2.265 清华大学美术学院简介

学生示范作业

研究方法		感知	理解	原理
材料语言	花岗岩	主体采用红色的花岗石，使得整个建筑稳重大气。	建筑外立面采用大块玻璃幕墙与花岗岩石体相结合，使建筑虚实相应。	建筑入口由金属雨篷连接构成，统领建筑两个部分主入口。
	玻璃			
	混凝土			
	金属			
研究方法		感知	理解	原理
色彩语言	加强造型印象	建筑整体由红色花岗石与玻璃相结合，建筑既具有突出的体量感，又不失轻盈性。	大面积的玻璃幕墙与石墙对比鲜明，建筑显得大气稳重。	建筑中庭采用透明天窗，将光线引入室内，突出室内的光影关系和体量感。
	加强识别性			
	表现情感			
	创造气氛			
研究方法		感知	理解	原理
形态语言	图案式	建筑整体由一个长方体构成，屋顶部分的弧线丰富了整体的造型。	建筑入口采用多种材料语言和造型形态，丰富的几何形体和色彩、材料组成突出了建筑入口的重要性。	建筑北立面大面积的玻璃幕墙，使得建筑通透感十足。
	立体式			
	形体式			
	综合式			

图 2.266 清华大学美术学院建筑材料、色彩及形态语言分析

学生心得体会

STUDENTS THOUGHTS

北京交通大学

这门课程与习题训练，教会了我一种新的学习方法，那就是：从抽象绘画中找寻建筑设计的灵感，从艺术造型中感悟建筑的空间，从艺术美法则中发现设计的真谛……在当下浮躁的社会，真真正正地潜下心来做设计实属不易，有内涵的设计更是需要这种触类旁通的精神，把它投注到我们的学习、设计中，并不断提醒自己，保持一个兼容并包与开放的头脑，大胆创新，激发灵感，创造出一个又一个生命力旺盛、让人感动的建筑。

——建筑学 2009 级 徐菁楠

低年级的我们做设计，抓耳挠腮，囿于形式，而且还做着大师梦，所以常做出撕裂的建筑，天马行空的思维在手法的约束下做着困兽之斗。韵律、均衡、统一，这些只有被提出才会被注意的东西，就是我们所欠缺的。老师给了我们很系统的练习与训练，带我们去认识世界名画，鼓励我们去思考其中蕴含的美的东西，去辨别画作中的空间映象，去记录那些对我们专业有用的知识。有了造型语言的积累，设计才不会苦于讲不出故事。

——建筑学 2009 级 隰晓宇

老师一直强调真实的建筑，不是矫揉造作、无病呻吟的。我很同意这一看点，而且为了这一目的，我还在很努力地探索着。我想过很多的可能性，比如把大量的设计思路极力地缩小为最简单的信息，又比如用大量的外露的建筑构件来表达其真实性，还想过在平面内尽量设计最少的隔墙来满足人们更多、更丰富的行为需求，而现在想的是从现实生活中开始观察，从绘画作品中，从一张摄影作品中，一个废弃的物品的重新组合中寻找灵感，寻找那些因过分追求某一样东西而丢失了的建筑的一些理性的纯真。

——建筑学 2010 级 白春林

在教学过程中，老师认识到我们动手能力很差，就在理论讲授完后安排课上的画作临摹、模型制作等动手作业，课上悉心地指导与帮助，课下就在于自身的自觉与能动性。个人认为这种方法很能激发我们对建筑专业学习的兴趣，在兴趣中学习、观察，在观察中感悟色彩，在色彩中感受空间。记得有这样一句话：“授人以鱼，不如授人以渔”，我们只有自己掌握了学习的方法，才能在自己的领域有所成就。

——建筑学 2010 级 李传刚

北京工业大学

以前我去看一个建筑，只是从表面上大体认识一下，而通过老师细致的讲解与系统的习题训练，我认识到，从整体到细部去把握一个建筑，才能明白建筑的更深层次的含义和设计者本身的想法和用意。通过这门课的学习，我掌握了造型理论和许多构成方法，提高了自身的创新和形象思维的能力，也打开了建筑设计的思路。

——建筑学 2004 级 毕晓希

色彩构成的训练课上没有照本宣科的沉默，也没有大量用脑的计算，在这里需要的仅仅是感悟与思索，一种对构成的感悟、一种对空间的思索和一种对建筑的感悟。一双眼睛、一张画纸、一次领悟，那奇妙的构思、那抽象的空间、那臆想的建筑，老师带领我们一起去领略世界建筑风情，一起去感悟大师们的作品。

——建筑学 2004 级 陈大鹏

米兰理工大学

这是一场免费的旅行，这是一次思想的游荡，这是一种深刻的感触……从色彩到色块，从平面构成到立体空间，从抽象绘画到现代建筑，从建筑到造型……我有种恍然大悟的感觉，似乎得到了一种思维的训练方法。由简到繁，再由繁到简，学会动脑与动手，执着和不放弃，才是这堂课我所学到的精髓。

——城市规划 2008 级 武姿孜

色彩构成，是一个针对初学者的训练方法，由浅到深地剖析了从色彩到空间、到建筑，再由建筑到基本造型等建筑师必备的设计基础“词汇”，同时也让我深深地体会到“内行看门道，外行看热闹”这句俗语的含义。那些看似简单的建筑，如央视新大楼的“大裤衩”、悉尼歌剧院的“帆船”等造型，其设计成果都是在一定的“数”的基础上反复推敲得来的。抽象绘画的魅力就在于其内在“数”的东西，节奏、韵律、平衡等“美的法则”在抽象绘画中体现得淋漓尽致，由抽象绘画演变而来的空间，甚至是建筑群体，配合良好的功能布局，这样的建筑是实用、坚固与美观的。

——城市规划 2008 级 侯鑫

自然中的色彩，是有规律的，绘画中的色彩，也是有规律的，这些有规律组合起来的色彩是吸引人的。课程的训练让我喜欢去美术馆和博物馆，拿着一支笔和一张纸对着一幅幅的绘画作品“发呆”，其实我在思考，思考绘画中的空间，思考画者的时空，思考如何将其转化为我笔下的建筑，怎么样将多个空间融合，满足人们的多种需求。我将以此方法继续下去，继续我的“发呆”，继续我的思考，继续我的建筑设计。

——建筑学 2008 级 Marco Spano

建筑设计的草图不是拿铅笔在草纸上直接画的，而是将头脑中的“影像”快速地表达出来。这个“影像”的形成是需要很多素材与基础的。色彩构成的教学提供了很好地基本素材——抽象绘画。从画作的临摹到色彩的提取与分析，然后到色彩的创新，色彩的重组以及图形的图底关系和色彩的空间体现，这一系列的训练都为了一个目的，那就是积累建筑空间设计的基础语言，为建筑设计阶段的“头脑影像”作准备。

——建筑学 2009 级 Michele Morrone

艺术是相通的，绘画艺术与建筑

设计应该说也是同宗的。教学训练中的色彩构成部分，直接从构成大师的作品中学习，从美感培养的角度来说是好的，可以说是“高起点”，让我也直接了解了什么是美的，什么是艺术的。另外，这套训练体系从平面到立体模型的过程也是令人兴奋的，仿佛用电脑软件做的3D效果图，将画作“立起来”，体会其中的空间元素。整体的训练，从初学者的角度来说，完全让我“入门”，喜欢设计，喜欢建筑，喜欢构成，喜欢绘画。

——建筑学2004级 Vera Autilio

莫斯科建筑学院

建筑的魅力就在于其内在的理性，这也是评价建筑是否为一栋好建筑的标准之一。以抽象绘画为原型，对其色彩进行提取与抽象，演变成三维体块模型，进一步深化，做成建筑的基本造型，通过这个过程不仅可以理解一幅绘画作品，更能理解其中所蕴含的空间以及其中的理性。这个训练方法可以让一个完全没有建筑基础的学生，从一个较为简单的方面理解建筑和设计，也为建筑设计增添了一些乐趣。

——A.Alena 建筑学2003级

建筑可以说是材料的集结，但他们的组合蕴含一定的“道理”，这个道理可以说是数学，也可以说是艺术，或者说就是“造型”。一副抽象绘画的作品，其中各色块的位置、面积大小、相互之间的关系等也存在一定的“道理”，才使得这个作品那么理性，或者简单地说“它是好看的、舒服的”。抽象绘画中的“道理”与建筑中的“道理”之间的桥梁就是绘画中色块所演变的三维体块模型，模型的深化过程可以看作是建筑的创作过程，赋予功能、细部、色彩、材料等，就初步形成了一栋“有道理”的建筑。

——建筑学2002级 B.Alexander

教学文件

TEACHING DOCUMENTS

TEACHING PROGRAM

教学大纲

一、课程基本信息

1. 课程名称（中文）：现代建筑造型理论与方法Ⅲ —— 色彩构成
   课程名称（英文）：Composition theory and methods of modern architecture Ⅲ —Colour Composition
2. 课程层次 / 性质：专业选修课 / 学位课程
3. 学时 / 学分：32 学时 /2 学分
4. 先修课程： 建筑形态构成
5. 适用专业：建筑学、城乡规划学一年级学生

二、课程教学目标及学生应达到的能力

《现代建筑造型理论与方法Ⅲ——色彩构成》是针对建筑学和城乡规划学大学一年级学生的一门基础课程，是建筑规划专业学生的一门重要课程。本课程教学目标是让学生亲身理解与体会抽象绘画与建筑语言词汇之间的关系，积极地、主动地去探索其中的规律和内涵，认识“色彩抽象”与“立体空间”的实质，并通过这类抽象绘画和建筑抽象空间融合转化的动手训练，培养学生在空间构成方面的逻辑和创新思维的能力。学生通过对本课程的学习，将会在一个比较深入的层面上提高对抽象绘画与构成空间的理解，提高现代建筑设计的造型能力和建筑造型个性语言的表达以及建筑创作语汇及句法、文法的形成。

三、课程教学内容和要求

（一）理论教学部分（32 学时）

以讲座的方式，从色彩的基本知识讲解与分析入手，对色彩的三要素、现代抽象绘画、现代构成作品以及建筑材料的色彩和形态、建筑发展历史与风格演进等内容进行系统的分析与讲述，使学生在一个比较深入的层面上理解现代建筑造型语言的语汇及句法、文法。

（二）习题训练（16 道）

每次理论知识的讲解后学生都会进行相应的课堂习题练习，通过对课堂教学内容的理解，学生在课堂上完成相应的习题作业，包括抽象绘画的临摹、色块的抽象与提取、色彩的变化与创新等，之后从建筑实体的角度，进行对大师作品材料质感、色彩与造型等方面的分析，以达到学生创新能力的综合训练。

（三）模型制作（1~2 个）

课程中间学生需根据对色彩和抽象绘画的理解将抽象绘画中的空间，通过体块或是折纸等方式转化为三维体块模型。将绘画变为黑白灰的构图后，一定的明度赋予相应的高度之后，将平面的作品变为空间立体的模型，进而体会色彩（三要素）和绘画本身所体现的空间关系。

（四）作业讲评与课程答疑（4 学时）

课程的最后 4 学时用来讲评学生的作业，采用公开讲评和师生间互动的方式，了解学生的训练感受，以便更正和补充本课程的不足和缺漏。

四、课程教学安排

课序 / 知识模块 / 学时
1-1/ 色彩基础知识与抽象绘画 /2
1-2/ 抽象绘画的感知与临摹 /2

2-1/ 抽象绘画色彩的提取与归纳 /2
2-2/ 色彩的三属性与色彩绘制练习 /2
3-1/ 无彩色与图底关系 /2
3-2/ 抽象绘画色彩的提取与置换 /2
4-1/ 主观色彩观的培养 /2
4-2/ 抽象绘画的几何图形提成技巧与方法 /2
5-1/ 色彩的空间感体现 /2
5-2/ 抽象绘画与建筑空间的异曲同工 /2
6-1/ 彩色物件的 " 构成 "/2
6-2/ 建筑色彩与建筑尺度 /2
7/ 建筑史：建筑年代与建筑色彩、材料 /4
8/ 作业讲评 /4

五、课程的考核

本课程的考核采取平时成绩、色彩构成训练、模型制作（色彩的空间体现）和建筑分析相结合的评分标准。平时成绩包括学生的考勤和课堂表现等方面，占总成绩的 20%；色彩构成训练和模型制作是与课堂内容同步的作业练习，以加深学生对课堂内容的理解，并加强学生的动手能力，占总成绩的 40%；建筑分析要求学生运用所学的知识和对建筑的理解，做出对建筑材料、色彩和形态语言的综合分析，占总成绩的 40%。

六、本课程与其他课程的联系与分工

"色彩构成" 部分在一定程度上取代了传统意义上的美术教学。传统建筑教学中美术课也是基础课，从石膏素描、写生等方面入手，色彩构成的教学训练方法替代了传统美术课的石膏像素描和色彩绘画，将学生直接带入抽象绘画的时空之中，领悟大师的时空观念，在自己观察与感悟、理解的基础上，对一定量的大师建筑作品进行分析，起到 "学以致用" 的效果。

七、建议教材及教学参考书

1. Божко Ю Г. Архитектоника и комбинаторика формообразования[M]. Киев: Выш. шк., 1991.
2. Виленкин Н Я. Популярная комбинаторика[M]. Москва: Наука, 1975.
3. Зейтун Ж. Организация внутренней структуры проектируемых архитектурных систем[M]. Москва: Стройиздат, 1984.
4. Ламцов И В, Туркус М А. Элементы архитектурной композиции[M]. Москва-Ленинград: Главная редакция строительной литературы, 1938.
5. Лежава И Г. Функция и структура формы в архитектуре[M]. Москва: МАРХИ, 1987.
6. Пронин Е С. Архитектурная комбинаторика и её автоматизация[J]. Архитектура СССР, 1990(2): 66-72.
7. Степанов А В, Мальгин В И, Иванова Г И. Объемно-пространственная композиция[M]. Москва: Архитектура-С, 1993.
8. Хан-Магомедов С О. ВХУТЕМАС[M]. Москва: Ладья, 1995.
9. Alexander Christopher. Notes on the synthesis of form[M]. Cambridge Mass: Harvard University Press, 1964.
10. Feisner Edith Anderson. Colour: how to use colour in art and design[M]. London: Laurence King Publishing, 2006.
11. Krier R. Stadtraum in theorie und praxis[M]. Stuttqard: Karl Krämer, 1975.
12. March L J, Steadman J P. The architecture of form[M]. Cambridge: Cambridge University Press, 1976.
13. Sophia Vyzoviti. Folding architecture: spatial, structural and organizational diagrams[M]. Amsterdam: BIS Publishers, 2003.
14. Stefano Zuffi. Colour in art[M]. New York: Thames & Hudson, 2012.

TEACHING CALENDAR

教学日历

周次	时数	讲授内容	上课方式	课外作业
1	2	色彩构成与抽象绘画	讲课 PPT	
	2	抽象绘画的感知与学习	讲课 PPT	习题一
2	2	抽象绘画色彩的提取与归纳	讲课 PPT	习题二
	2	色彩的色相、明度、纯度变化	讲课 PPT	习题三
3	2	无彩色与图底关系	讲课 PPT	习题四
	2	抽象绘画色彩的提取与置换	讲课 PPT	习题五
4	2	主观色彩观的培养	讲课 PPT	习题六
	2	抽象绘画的几何图形提成技巧与方法	讲课 PPT	习题七
5	2	色彩空间感的体现	讲课 PPT	习题八
	2	色彩的"构成"	讲课 PPT	习题九
6	2	抽象绘画与建筑空间的异曲同工	讲课 PPT	
	2	建筑材料与色彩	讲课 PPT	
7	2	建筑色彩与建筑尺度	讲课 PPT	习题十、十一、十二
	2	建筑史：建筑年代与建筑色彩、材料	讲课 PPT	习题十三、十四、十五、十六
8	2	习题讲解与答疑		
	2	课程总结		

参考文献
BIBLIOGRAPHY

1. (德)阿尔森·波里布尼.抽象绘画[M].王端廷译.北京:金城出版社,2013.
2. (美)爱德华·卢西·史密斯.1945年以后的现代视觉艺术[M].陈麦译.上海:上海人民美术出版社,1988.
3. (德)鲍里斯·弗里德瓦尔德.包豪斯[M].宋昆译.天津:天津大学出版社,2011.
4. (德)保罗·克利.克利与他的教学笔记[M].周丹鲤译.重庆:重庆大学出版社,2011.
5. (英)贝纳·顿斯坦.印象派的绘画技法[M].天津:天津人民美术出版社,1982.
6. 陈飞虎.建筑色彩学[M].北京:中国建筑工业出版社,2007.
7. 陈小于.西方现代绘画艺术[M].北京:科学出版社,2012.
8. 冯健亲.绘画色彩论析[M].上海:上海人民美术出版社,1990.
9. 葛鹏仁.西方现代艺术·后现代艺术[M].长春:吉林美术出版社,2000.
10. 耿立新著,王刚,(法)佟明编.理性的色彩:后印象派[M].天津:天津科学技术出版社,2011.
11. (美)哈罗德·林顿.建筑色彩:建筑、室内和城市空间的设计[M].谢洁,张根林译.北京:知识产权出版社、水利水电出版社,2005.
12. Хан–Магомедов С О. ВХУТЕМАС [M]. Москва: Ладъя, 1995.
13. 何政广.世界名画家全集:康定斯基[M].河北出版传媒集团公司,石家庄:河北教育出版社,2011.
14. 何政广编,曾长生著.至上主义艺术大师:马列维奇[M].石家庄:河北教育出版社,2005.
15. 胡伯忠.绘画造型基础[M].福州:福建美术出版社,2010.
16. (俄)康定斯基.世界艺术经典:康定斯基艺术全集[M].李正子译.北京:金城出版社,2012.
17. (俄)康定斯基.论艺术的精神[M].李政文,魏大海译.北京:中国人民大学出版社,1987.
18. (俄)康定斯基.康定斯基论点线面[M].罗世平,魏大海,辛丽译.北京:中国人民大学出版社,2003.
19. (意)利奥奈洛·文图里.欧洲近代绘画大师[M].钱景长等译.北京:中国友谊出版社,2001.
20. 李国权.建筑色彩:饰面设计与装修[M].上海,香港:同济大学出版社,中国书画出版社,1992.
21. 李莉婷.设计色彩[M].武汉:湖北长江出版集团,湖北美术出版社,2010.
22. 刘开海.俄罗斯列宾美术学院建筑系基础课程参考[M].南昌:江西美术出版社,2010.
23. 刘洋.色彩构成[M].长春:东北师范大学出版社,2011.
24. 路家明.设计基础[M].南京:江苏科学技术出版社,2013.
25. 栾黎荔.艺术设计基础——色彩构成[M].武汉:武汉大学出版社,2012.
26. (美)罗伯特·贝弗利·黑尔.向大师学绘画:素描基础[M].朱岩译.北京:中国青年出版社,1998.
27. (美)罗杰·易.世界建筑空间设计[M].中国建筑工业出版社,2003.
28. (美)洛伊丝·格里费尔.印象派风景技法:教你更好地表现光和色[M].黄今声译.北京:中国建筑工业出版社,1998.
29. 骆秋涵.西方绘画大师:莫奈[M].重庆:重庆出版社,2010.
30. 罗士平著.情感与符号:康定斯基与抽象主义绘画[M].北京:人民美术出版社,1989.
31. (法)米歇尔·瑟福.抽象派绘画史[M].王昭仁译.桂林:广西师范大学出版社,2002.
32. (英)Peter Cook.绘画:建筑的原动力[M].何守源译.北京:电子工业出版社,2011.
33. (意)斯特法诺·佐非,弗朗西斯科·卡斯特利亚等.现代绘画:从印象派到20世纪先锋派[M].济南.:山东美术出版社,1999.
34. 孙家祥.现代主义绘画解读[M].上海:上海教育出版社,2010.
35. 唐长发.俄罗斯绘画艺术300年:叶卡捷琳堡艺术博物馆藏品[M].上海:上海画报出版社,2001.
36. 王美艳.西方现代派绘画与平面设计[M].合肥:合肥工业大学出版社,2010.
37. 王小红.大师作品分析——解读建筑[M].北京:中国建筑工业出版社,2008.
38. (英)威廉·荷加斯.美的分析[M].杨成寅译.桂林:广西师范大学出版社,2002.
39. (德)W·沃林格.抽象与移情:对艺术风格的心理学研究[M].王才勇译.北京:金城出版社,2010.

40. 吴国荣，邱保金，杨明朗 . 解析绘画色彩与设计色彩 [M]. 北京 : 北京理工大学出版社，2012.
41. 吴向明，许烨鸣，王俊琪设计色彩归纳与表现 [M]. 沈阳 : 辽宁科学技术出版社，2009.
42. 薛燕波，张金玉，柴旭 . 建筑色彩表现技法 [M]. 长春 : 长春出版社，1997.
43. 杨婷婷 . 公共空间设计 [M]. 北京 : 北京理工大学出版社，2009.
44. (德) 约瑟夫 • 阿尔伯斯 . 色彩构成 [M]. 李敏敏译 . 重庆 : 重庆大学出版社，2012.
45. 张若宜 . 如何欣赏绘画 [M]. 北京 : 中国社会出版社，2006.
46. 张雪茵 . 色彩入门：水粉静物画法 [M]. 西安 : 陕西人民美术出版社，2004.
47. 郑昌辉 . 解思考与设计表现——俄罗斯列宾美院建筑创作课程精编 [M]. 北京 : 水利水电出版社，2012.
48. 邹正洪 . 绘画构图学 [M]. 成都 : 西南交通大学出版社，2006.
49. Anthoni Di Mari, Nora Yoo.Operative Design:A Catalogue of Spatial Verbs[M].BIS Publishers B.V, 2013.
50. Elaine S.Hochman.Bauhaus: Crucible of Modernism[M].Fromm,1997.
51. Feisner,Edith Anderson.Colour: How to Use Colour in Art and Design[M].King Laurence Publis, 2006.
52. Jason Gaiger.Aesthetics and Painting[M].Continuum International Publishing Group Ltd,2008.
53. Jeannine Fiedler,Peter Feierabend.Bauhaus[M].h.f.ullmann,2006.
54. Joseph Lim.Eccentric Structures in Architecture[M].Bis Publishers,2011.
55. Jyanzi Kong.Geometry Of The Unconscious: An Uncertain Truth In Architecture[M].Page One,2011.
56. Nancy B.Solomon.Architecture : celebrating the past, designing the future[M].Visual Reference Publications,2008.
57. Ray Campbell Smith.The Artist's Handbook[M].DK ADULT,2009.
58. Sophia Vyzoviti.Folding Architecture: Spatial, Structural and Organizational Diagrams[M].Bis B.V., Uitgeverij(BIS Publishers),2003.
59. Sophia Vyzoviti.Super Surfaces:generating forms for architecture,products and fashion[M].Page One, 2005.
60. Stefano Zuffi.Colour in Art[M].Thames & Hudson, 2012.
61. Todd McLellan.Things Come Apart:A Teardown Manual for Modern Living[M].Thames & Hudson;1 edition,2013.
62. 韩林飞 . 关于现代抽象绘画的空间思考———个建筑师眼中的西方与东方 [J]. 南京艺术学院学报 , 2013(03):17-25.
63. 刘剑利 . 浅论抽象绘画教学 [J]. 美术观察 , 2006(05).
64. 王俊彦 , 吴忠庆 . 时空新观念下的建筑创作 [J]. 城市建设理论研究 , 2012(1):1-5.
65. 王明辉 . 我们怎样才能看懂抽象绘画 [J]. 美术大观 , 2008(01).
66. 叶蔚冬，魏春雨. 从平面构成到建筑造型—— 关于建筑造型的一种思维方式的再认识 [J]. 华中建筑，2002(4).

图片来源

PICTURE SOURCE

导论

图 1.1 《蒙娜丽莎》[意] 达·芬奇 (1452-1519)——图片来源: http://www.1633.com/news/html/201212/news_2627928_1.html

图 1.2 《拾穗》[法] 让·弗朗索瓦·米勒 (1814-1875)——图片来源: http://www.landong.com/ps_sctx_194036.htm

图 1.3 《伏尔加河上的纤夫》[俄] 伊里亚·叶菲莫维奇·列宾 (1844-1930) ——图片来源: http://www.yzhy9.net/asp/image/img.asp?ID=13726&ZPM

图 1.4 《在白色的上面》 康定斯基——图片来源: Hill,Richard O.,Elementary Linear Algebra with Applications[M].Thomson Brooks/Cole,2008.09

图 1.5 《若干个圆》 康定斯基——图片来源: http://www.scj.cn/news/20131120/201733508375.shtml

图 1.6 康定斯基——图片来源: http://baike.sogou.com/PicBooklet.v?relateImageGroupIds=&lemmaId=178428&now=&type=1#simple_0

图 1.7 蒙特里安——图片来源: zh.wikipedia.org/zh-cn/piet_mondrian

图 1.8 马列维奇自画像——图片来源: http://www.teosofiskakompaniet.net/PeterCornell_MalevitjOchTeosofin_2005.htm

图 1.9 《飞机起飞》 马列维奇——图片来源: http://www.teosofiskakompaniet.net/PeterCornell_MalevitjOchTeosofin_2005.htm

图 1.10 《Composition with Red,Yellow,Blue and Black》 蒙特里安——图片来源: http://www.e-bella.jp/lesson/wa.html

图 1.11 一点透视——图片来源: 韩林飞 . 关于现代抽象绘画的空间思考——一个建筑师眼中的西方与东方 [J]. 南京艺术学院学报 (美术与设计版), 2013(03): 17-25

图 1.12 多点透视——图片来源: 韩林飞 . 关于现代抽象绘画的空间思考——一个建筑师眼中的西方与东方 [J]. 南京艺术学院学报 (美术与设计版), 2013(03): 17-25

图 1.13《二十间公寓》 扎哈·哈迪德图——图片来源: 韩林飞 . 关于现代抽象绘画的空间思考——一个建筑师眼中的西方与东方 [J]. 南京艺术学院学报 (美术与设计版), 2013(03): 17-25

图 1.14 《城市文脉的再发展》 扎哈·哈迪德——图片来源: 韩林飞 . 关于现代抽象绘画的空间思考——一个建筑师眼中的西方与东方 [J]. 南京艺术学院学报 (美术与设计版), 2013(03): 17-25

图 1.15 多伦多皇家博物馆 丹尼尔·里伯斯金 (Daniel Libeskind) ——图片来源: (左图) http://www.chinasus.org/case/zone/20081226/43498.shtml;

(中图) http://blog.sina.com.cn/s/blog_4d9c68ff01000a28.html;

(右图) http://www.chinasus.org/case/zone/20081226/43498-6.shtml

图 1.16 柏林犹太人纪念馆 丹尼尔·里伯斯金——图片来源:

(左图) http://blog.sina.com.cn/s/blog_613c512c0100mwld.html;

(中图) http://www.archreport.com.cn/show-41-554-1.html;

(右图) http://www.027art.com/design/jzsj/104593.html

图 1.17 《Drei Frauen Meer》临摹——图片来源: 学生作业

图 1.18 《Drei Frauen Meer》色彩的提取与分析——图片来源: 学生作业

图 1.19《Drei Frauen Meer》色彩的变化——图片来源: 学生作业

图 1.20 《Drei Frauen Meer》色彩的变化——色相的变化——图片来源: 学生作业

图 1.21 《Drei Frauen Meer》色彩的变化——明度的变化——图片来源: 学生作业

图 1.22 《Drei Frauen Meer》色彩的变化——色相与纯度的变化——图片来源: 学生作业

图 1.23 《海边的渔船》梵高——图片来源: http://zkjydyc.blog.163.com/blog/static/1102660892010575302228

图 1.24 《海边的渔船》临摹——图片来源: 学生作业

图 1.25 平面透视的演变与体块关系的抽象——图片来源: 著者自绘

图 1.26 《海边的渔船》色彩的抽象——图片来源: 学生作业

图 1.27 《海边的渔船》色彩的几何提成——图片来源: 著者自绘

图 1.28 《海边的渔船》色彩的变化——图片来源: 著者自绘

图 1.29 《海边的渔船》图底关系表现——图片来源: 著者自绘

图 1.30 《海边的渔船》色彩的空间创造——图片来源: 学生作业

图 1.31《M.Matlownh》原图临摹——图片来源: 学生作业

图 1.32 色彩的位移与变化——图片来源: 学生作业

图 1.33 色彩的重构—— 无彩色填充——图片来源: 学生作业

图 1.34 色彩的空间体现——图片来源: 学生作业

图 1.35 真言宗本福寺水御堂墙体与地面——图片来源: http://mag.befree.com.cn/Magazine/ArticleSlide.aspx?m=763D5793-B2B3-4650-B8D6-E9561020D846#SlideImg

图 1.36 罗比住宅的红砖外墙——图片来源: http://www.35pic.com/zhuzhai/87892368.html

图 1.37 水御堂与自然环境的融合——图片来源: www.china-designer.com/home/216231_4_81323.htm

图 1.38 香港中银大厦的玻璃幕墙——图片来源: 著者自摄

习题与学生作业

图 2.1 示例 a:《星空》 梵高——图片来源: https://www.pinterest.com/pin/448037862901838118/

图 2.2 示例 b:《构成第 8 号》康定斯基——图片来源: https://www.pinterest.com/pin/183240278561592498/

图 2.3 抽象绘画作品 尼古拉·德·斯塔埃尔——图片来源: http://www.artliving.tv/?detail3/wrkid/96.html

图 2.4 抽象绘画作品临摹 学生作业——图片来源: 学生作业

图 2.5 《petersburg》 马列维奇——图片来源: http://www.diyyh.com/zhuangshihua/26549.html

图 2.6 《petersburg》临摹 学生作业——图片来源: 学生作业

图 2.7 《至上主义构成》 伊万普尼——图片来源: http://www.dajia777.com/news/?m=2410&ID=23929

图 2.8《至上主义构成》临摹 学生作业——图片来源: 学生作业

图 2.9《吉他和水果盘》 胡安·格里斯——图片来源: http://fashion.ifeng.com/news/detail_2010_11/30/3283817_3.shtml

图 2.10《吉他和水果盘》临摹 学生作业——图片来源: 学生作业

图 2.11 《星空》 梵·高——图片来源: http://youhua.art86.cn/info/30895.html

图 2.12 《星空》临摹 学生作业——图片来源: 学生作业

图 2.13 《绘画浮雕》 塔特林——图片来源: http://www.yszyz.com/2012/0411/119410.html

图 2.14 《绘画浮雕》临摹 学生作业——图片来源: 学生作业

图 2.15 《Suprematism》 马列维奇——图片来源: http://www.youhuaaa.com/page/painting/show.php?id=26534

图 2.16 《Suprematism》临摹 学生作业——图片来源:

学生作业
图 2.17《The revolt》 路易吉·鲁索洛——图片来源：http://blog.sina.com.cn/s/blog_4bdcac020102ednw.html
图 2.18《The revolt》临摹 学生作业——图片来源：学生作业
图 2.19《戴帽子的妇人》亨利·马蒂斯——图片来源：http://blog.sina.com.cn/s/blog_9af42ccb0101eewt.html
图 2.20《戴帽子的妇人》临摹 学生作业——图片来源：学生作业
图 2.21《海边的渔船》 梵高——图片来源：http://www.readit.com.cn/djwz/fcrw/2012/11/58001.shtml
图 2.22《海边的船》临摹 学生作业——图片来源：学生作业
图 2.23《蔷薇色的重音》 康定斯基——图片来源：http://blog.sina.com.cn/s/blog_484548df010003ra.html
图 2.24《蔷薇色的重音》临摹 学生作业——图片来源：学生作业
图 2.25《Construction》 埃克斯特——图片来源：https://www.pinterest.com/pin/30469734952861888/
图 2.26《Construction》临摹 学生作业——图片来源：学生作业
图 2.27 示例 a：施米特·罗特卢夫作品《Drei Frauen Meer》临摹
图片来源：学生作业
图 2.28 示例 b：作品采用的色彩分析
图片来源：学生作业
图 2.29 作业一：柳博芙·塞尔乔瓦纳·波波娃作品临摹
图片来源：学生作业
图 2.30 作业一色彩分析
图片来源：学生作业
图 2.31 作业二：作品临摹
图片来源：学生作业
图 2.32 作业二色彩分析
图片来源：学生作业
图 2.33 作业三：拉扎尔·马尔科维奇·希德克尔作品临摹
图片来源：学生作业
图 2.34 作业三色彩分析
图片来源：学生作业
图 2.35 示例 a：构成作品原图临摹
图片来源：著者自绘
图 2.36 示例 b：对原图色彩进行改变色相的色彩变化
图片来源：著者自绘
图 2.37 示例 c：对原图色彩进行改变纯度的色彩变化
图片来源：著者自绘
图 2.38 作业一：画作临摹
图片来源：学生作业
图 2.39 作业一色彩的变化——改变色相
图片来源：学生作业
图 2.40 作业一色彩的变化——改变纯度
图片来源：学生作业
图 2.41 作业二：画作《Black and Violet》临摹
图片来源：学生作业
图 2.42 作业二色彩的变化——改变明度
图片来源：学生作业
图 2.43 作业二色彩的变化——改变色相
图片来源：学生作业
图 2.44 作业二色彩的变化——改变纯度
图片来源：学生作业
图 2.45 作业三：画作临摹
图片来源：学生作业
图 2.46 作业三色彩的变化——改变色相 I
图片来源：学生作业
图 2.47 作业三色彩的变化——改变色相 II
图片来源：学生作业
图 2.48 作业三色彩的变化——改变纯度
图片来源：学生作业
图 2.49 作业四：画作临摹
图片来源：学生作业
图 2.50 作业四色彩的变化——改变纯度
图片来源：学生作业
图 2.51 作业四色彩的变化——改变色相
图片来源：学生作业
图 2.52 作业五：画作临摹
图片来源：学生作业
图 2.53 作业五色彩的变化——改变色相
图片来源：学生作业
图 2.54 作业五色彩的变化——改变纯度
图片来源：学生作业
图 2.55 作业六：《马列维奇》临摹
图片来源：学生作业
图 2.56 作业六色彩的变化——改变色相
图片来源：学生作业
图 2.57 作业六色彩的变化——改变纯度
图片来源：学生作业
图 2.58 作业七：画作《The Revolt》临摹
图片来源：学生作业
图 2.59 作业七色彩的变化——改变色相
图片来源：学生作业
图 2.60 作业七色彩的变化——改变纯度
图片来源：学生作业
图 2.61 示例 a：构成作品原图临摹
图片来源：著者自绘
图 2.62 示例 b：色彩的位移 I
图片来源：著者自绘
图 2.63 示例 c：色彩的位移 II
图片来源：著者自绘
图 2.64 作业一：画作《M.Matlownh》临摹
图片来源：学生作业
图 2.65 作业一色彩的位移变化
图片来源：学生作业
图 2.66 作业二：画作《My Heart to Your Heart》临摹
图片来源：学生作业
图 2.67 作业二色彩的位移变化
图片来源：学生作业
图 2.68 作业三：画作《Constructive Still Life》临摹
图片来源：学生作业
图 2.69 作业三色彩的位移变化 I
图片来源：学生作业
图 2.70 作业三色彩的位移变化 II
图片来源：学生作业
图 2.71 示例 a：构成作品原图临摹
图片来源：学生作业
图 2.72 示例 b：色彩的创新
图片来源：学生作业
图 2.73 作业一：画作《Suprematism》临摹
图片来源：学生作业
图 2.74 作业一色彩的创新 I
图片来源：学生作业
图 2.75 作业一色彩的创新 II
图片来源：学生作业
图 2.76 作业二：画作临摹
图片来源：学生作业
图 2.77 作业二色彩的创新
图片来源：学生作业
图 2.78 作业三：画作临摹
图片来源：学生作业
图 2.79 作业三色彩的创新
图片来源：学生作业
图 2.80 作业四：画作临摹
图片来源：学生作业
图 2.81 作业四色彩的创新
图片来源：学生作业
图 2.82 作业五：画作《Construction》临摹
图片来源：学生作业
图 2.83 作业五色彩的创新
图片来源：学生作业

图 2.152 作业六：画作临摹
图片来源：学生作业
图 2.153 作业六作品的色彩单色重构
图片来源：学生作业
图 2.154 作业六色彩的空间创造——三维体块模型
图片来源：学生作业
图 2.155 作业七：画作《戴帽子的妇人》临摹
图片来源：学生作业
图 2.156 作业七色彩的几何提成
图片来源：学生作业
图 2.157 作业七色彩的空间创造——三维体块模型
图片来源：学生作业
图 2.158 作业八画作临摹
图片来源：学生作业
图 2.159 作业八色彩的空间创造——三维体块模型
图片来源：学生作业
图 2.160 作业八色彩的空间创造——三维体块模型
图片来源：学生作业
图 2.161 作业九：画作《Black and Violet》临摹
图片来源：学生作业
图 2.162 作业九作品的黑白构图与图底关系 I
图片来源：学生作业
图 2.163 作业九作品的黑白构图与图底关系 II
图片来源：学生作业
图 2.164 作业九色彩的空间创造——三维体块模型 I
图片来源：学生作业
图 2.165 作业九色彩的空间创造——三维体块模型 II
图片来源：学生作业
图 2.166 作业十：画作临摹
图片来源：学生作业
图 2.167 作业十作品的黑白构图
图片来源：学生作业
图 2.168 作业十色彩的空间创造——三维体块模型
图片来源：学生作业
图 2.169 作业十一：画作临摹
图片来源：学生作业
图 2.170 作业十一作品的黑白构图
图片来源：学生作业
图 2.171 作业十一色彩的空间创造——三维体块模型
图片来源：学生作业
图 2.172 作业十二：画作《蔷薇色的重音》临摹
图片来源：学生作业
图 2.173 作业十二作品的黑白构图
图片来源：学生作业
图 2.174 作业十二色彩的空间创造——三维体块模型
图片来源：学生作业
图 2.175 作业十三：《星空》临摹
图片来源：学生作业
图 2.176 作业十三作品的黑白构图
图片来源：学生作业
图 2.177 作业十三色彩的空间创造——三维体块模型
图片来源：学生作业
图 2.178 作业十四：画作 《The Seventh Dimension: Suprematist Stripe Relief 》临摹
图片来源：学生作业
图 2.179 作业十四作品的黑白构图
图片来源：学生作业
图 2.180 作业十四色彩的空间创造——三维体块模型
图片来源：学生作业
图 2.181 作业十五：画作《The Revolt》临摹
图片来源：学生作业
图 2.182 作业十五作品的黑白构图 I
图片来源：学生作业
图 2.183 作业十五作品的黑白构图 II
图片来源：学生作业
图 2.184 作业十五色彩的空间创造——三维体块模型 I
图片来源：学生作业
图 2.185 作业十五色彩的空间创造——三维体块模型 II
图片来源：学生作业
图 2.186 作业十六：画作《对角线插图》临摹
图片来源：学生作业
图 2.187 作业十六作品的黑白构图
图片来源：学生作业
图 2.188 作业十六色彩的空间创造——三维体块模型
图片来源：学生作业
图 2.189 作业十七：画作临摹
图片来源：学生作业
图 2.190 作业十七作品的黑白构图
图片来源：学生作业
图 2.191 作业十七色彩的空间创造——三维体块模型
图片来源：学生作业
图 2.192 作业十八：画作《运动中的垂直轴线》临摹
图片来源：学生作业
图 2.193 作业十八作品的黑白构图 I
图片来源：学生作业
图 2.194 作业十八作品的黑白构图 II
图片来源：学生作业
图 2.195 作业十八色彩的空间创造——三维体块模型 I
图片来源：学生作业
图 2.196 作业十八色彩的空间创造——三维体块模型 II
图片来源：学生作业
图 2.197 作业十九：画作《Suprematist Composition (blue rectangle over the red beam) 》临摹
图片来源：学生作业
图 2.198 作业十九作品的黑白构图 I
图片来源：学生作业
图 2.199 作业十九作品的黑白构图 II
图片来源：学生作业
图 2.200 作业十九色彩的空间创造——三维体块模型 I
图片来源：学生作业
图 2.201 作业十九色彩的空间创造——三维体块模型 II
图片来源：学生作业
图 2.202 作业二十：画作临摹
图片来源：学生作业
图 2.203 作业二十作品的黑白构图
图片来源：学生作业
图 2.204 作业二十色彩的空间创造——三维体块模型 I
图片来源：学生作业
图 2.205 作业二十色彩的空间创造——三维体块模型 II
图片来源：学生作业
图 2.206 作业二十色彩的空间创造——三维体块模型 III
图片来源：学生作业
图 2.207 作业二十一：画作《道坛上的男人(抽象五号)》临摹
图片来源：学生作业
图 2.208 作业二十一作品的黑白构图
图片来源：学生作业
图 2.209 作业二十一色彩的空间创造——三维体块模型
图片来源：学生作业
图 2.210 示例 a：车子摔碎瞬间的高速摄影——图片来源：http://www.boqpod.com/cinematography/9358.html
图 2.211 示例 b：完全被拆开的车子各种零件排列——图片来源：http://www.boqpod.com/cinematography/9358.html
图 2.212 手机被摔碎时的高速摄影——图片来源：http://shijue.me/show_idea/518c6965e744f905b600014c
图 2.213 完全被拆开的手机各种零件排列——图片来源 http://shijue.me/show_idea/518c6965e744f905b600014c
图 2.214 割草机被摔碎时的高速摄影——图片来源：http://catwalk.my.pp.cc/detail/42033.htm
图 2.215 完全被拆开的割草机各种零件排列——图片来源：http://re-actor.net/art/4685-todd-mcclellan-artist.html
图 2.216 完全被拆开的家具各种零件排列——图片来源 https://www.pinterest.com/pin/144959681725972355
图 2.217 完全被拆开的汽车各种零件排列——图片来源 http://neskromnii.livejournal.com/11200.html
图 2.218 完全被拆开的各种物件零件的排列——图片来源：

（左上）http://catwalk.my.pp.cc/detail/42033.htm；
（中上）http://online.sccnn.com/html/design/ad/20130514150821(9).htm；
（右上）http://www.boqpod.com/cinematography/9358.html；
（左中）http://catwalk.my.pp.cc/detail/42033.htm；
（右中）http://catwalk.my.pp.cc/detail/42033.htm；
（左下）http://tieba.baidu.com/p/2391224128；
（中下）https://www.pinterest.com/pin/144959681725972355/；
（右下）http://www.ywen.com.cn/w-20130624998616084661.html

图 2.219 水之教堂简介——图片来源：
（a）http://zerozero.co/flip-side/；
（b）http://www.cestbonweddings.com/chapel_hokkaido_waterchapel.html；
（c）http://cngbn.com/?action-viewthread-tid-916；
（d）http://www.archreport.com.cn/show-6-1537-1.html；
（e）http://www.jzwhys.com/photo/list/87315/1.html

图 2.220 水之教堂建筑材料、色彩及形态语言分析——图片来源：（左上）www.k1982.com；
（中上）http://www.jzwhys.com/photo/list/87315/1.html；
（右上）http://dailybuilding.com/church-on-the-water-by-tadao-ando；
（左中）http://bbs.tiexue.net/post2_6959672_1.html；
（中中）http://www.cestbonweddings.com/chapel_hokkaido_waterchapel.html；
（右中）http://www.cestbonweddings.com/chapel_hokkaido_waterchapel.html；
（左下）http://www.cestbonweddings.com/chapel_hokkaido_waterchapel.html；
（中下）http://www.archreport.com.cn/show-6-1537-1.html；
（右下）http://www.cestbonweddings.com/chapel_hokkaido_waterchapel.html

图 2.221 罗比住宅简介——图片来源：学生作业
（a）http://xian.qq.com/a/20100926/000420_5.htm；
（b）http://www.archreport.com.cn/show-6-2392-1.html；
（c）http://blog.sina.cn/dpool/blog/s/blog_628a30b10100ouk.html；
（d）http://www.nipic.com/show/1/48/c0b5a532d77ff468.html

图 2.222 罗比住宅建筑材料、色彩及形态语言分析——图片来源：学生作业
（左上）http://museum.xauat.edu.cn/content/msfc/lt/zhjg.html#；
（中上）http://www.archreport.com.cn/show-6-2392-1.html；
（右上）http://www.dgshengfawujin.cn/qpoqiouqeq/；
（左中）http://museum.xauat.edu.cn/content/msfc/lt/zhjg.html#；
（右中）http://museum.xauat.edu.cn/content/msfc/lt/zhjg.html#；
（左下）http://museum.xauat.edu.cn/content/msfc/lt/zhjg.html#；
（中下）http://www.lolkout.org/?p=12135；
（右下）http://www.douban.com/note/90412464/

图 2.223 水御堂简介——图片来源：学生作业
（a）http://blog.163.com/yangqifeng1111@126/blog/static/2186246920070314436973/；
（b）http://www.archiposition.com/2571；
（c）http://blog.cosine-inn.com/category/%E5%BB%BA%E7%AF%89/page/4/；
（d）http://blog.sina.com.cn/s/blog_a9f460ee0101rorn.html；
（e）http://blog.cosine-inn.com/category/%E5%BB%BA%E7%AF%89/page/4/

图 2.224 水御堂建筑材料、色彩及形态语言分析——图片来源：学生作业
（左上）http://design.cila.cn/news21789.html；
（中上）http://cache.baiducontent.com/c?m=9d78d513d9d706ef06e2ce384b54c0676a499d267992c7150885c913cf374c413130b4fa7c774c5393d27c1050f21641b0ad69252a0323b39bc98b5ddacf943f28fc2d37711c875612a443e994&p=8b2a970f92934eae53fb85281742&newp=b4759a44ddaf14e70be296261b0e92695803ed6237bb855d&user=baidu；
（右上）http://blog.sina.com.cn/s/blog_4cde4fee0100097r.html；
（左中）http://www.flickr.com/photos/oneoneline/sets/72157600032156980/；
（中中）http://tinachou0414.pixnet.net/blog/post/33236918；
（右中）http://blog.sina.com.cn/s/blog_491130d50101mvpc.html；
（左下）http://t.zhulong.com/u101/worksdetail4448762.html；
（中下）http://blog.sina.com.cn/s/blog_40d46e6a0100fc9e.html；
（右下）http://blog.sina.com.cn/s/blog_50bee99f0102du4o.html

图 2.225 美仑酒店 & 公寓简介——图片来源：
（a）http://dididadidi.com/structure/201305/13690118635650.html；
（b）http://dididadidi.com/structure/201305/13690118635650.html；
（c）http://tophotel.diandian.com/post/2013-04-18/40050800541；
（d）http://tophotel.diandian.com/post/2013-04-18/40050800541；
（e）http://tophotel.diandian.com/post/2013-04-18/40050800541；
（f）http://www.szjs.com.cn/htmls/201203/56203.html

图 2.226 美仑酒店 & 公寓建筑材料、色彩及形态语言分析——图片来源：http://dididadidi.com/structure/201305/13690118635650.html

图 2.227 涵碧楼简介——图片来源：学生作业
（a）http://www.cqsjw.cn/cqdiscuz/thread-4054-1-1.html；
（b）http://www.cnhotel365.com/02/2014/7538.html；（c）http://cache.baiducontent.com/c?m=9d78d513d9d706ef06e2ce384b54c0676a499d3562c0d0622b89c20fd2735b36163afef97d7f5659929f21221cae4b5eebfa306f3c0324bc99df883d87fdcd76&p=c9769a4786cc44ab0faa8a245c44&newp=8b2a9712888257f217bd9b7b095d92695803ed6039d4d14221958515dc&user=baidu；
（d）http://www.cqsjw.cn/cqdiscuz/thread-4054-1-1.html；
（e）http://zanadu.cn/hotel/875/the-lalu-sun-moon-lake.html

图 2.228 涵碧楼建筑材料、色彩及形态语言分析——图片来源：学生作业
（左上）http://zanadu.cn/hotel/875/the-lalu-sun-moon-lake.html；
（中上）http://blog.sina.com.cn/s/blog_60a6bfae0100dv8s.html；
（右上）http://blog.sina.com.cn/s/blog_022783a40100t6rj.html；
（左中）http://www.chinaface.com/368297/1111211202653；
（中中）http://www.chinaface.com/368297/1111211202653；
（右中）http://www.gltos.com/a/201310/2811776.html；
（左下）http://house.focus.cn/msgview/639/184825645.html；
（中下）http://zanadu.cn/hotel/875/the-lalu-sun-moon-lake.html；
（右下）http://blog.sina.com.cn/s/blog_68759ec40100ipef.html

图 2.229 神话大楼简介——图片来源：学生作业
（a、b、c）http://www.architbang.com/project/view/p/5262

图 2.230 神话大楼建筑材料、色彩及形态语言分析——图片来源：学生作业
http://www.architbang.com/project/view/p/5262

图 2.231 清华大学理科楼简介——图片来源：学生作业
（a）http://www.ikuku.cn/person/renwu-guanzhaoye/guanzhaoye；
（b）http://news.siin.cn/jianzhusheji/186694.html；
（c）http://www.jzwhys.com/news/7428305.html；
（d）http://annnl.blog.163.com/blog/static/9594082011673300329/；
（e）http://www.dichan.com/case-show-182004.html；
（f）http://news.siin.cn/jianzhusheji/186694.html

图 2.232 清华大学理科楼建筑材料、色彩及形态语言分析——图片来源：学生作业
（左上）http://www.ikuku.cn/project/qinghuadaxue-lixueyuan-guanzhaoye；
（中上）http://www.ikuku.cn/project/qinghuadaxue-lixueyuan-guanzhaoye；
（右上）http://www.ikuku.cn/project/qinghuadaxue-lixueyuan-guanzhaoye；
（左中）http://tupian.baike.com/a4_67_94_01200000269601363589450371 58_jpg.html；
（中中）http://www.bjdatang.com/xiangmu/mengminwei.htm；
（右中）http://www.ikuku.cn/project/qinghuadaxue-lixueyuan-guanzhaoye；
（左下）http://www.ikuku.cn/project/qinghuadaxue-lixueyuan-guanzhaoye；
（中下）http://www.ikuku.cn/project/qinghuadaxue-lixueyuan-guanzhaoye；
（右下）http://annnl.blog.163.com/blog/static/9594082011673300329/

图 2.233 秘鲁五边形住宅简介——图片来源：学生作业
（a、b、c、d）http://photo.zhulong.com/proj/detail122198.html

图 2.234 秘鲁五边形住宅建筑材料——图片来源：学

生作业 http://photo.zhulong.com/proj/detail122198.html
图 2.235 中银大厦简介——图片来源：学生作业
(a) http://jiaju.sina.com.cn/news/20141126/392440.shtml;
(b) http://www.cits.com.mo/2010/0907/11673.html;
(c) http://art.china.cn/voice/2010-02/19/content_3384783.htm;
(d) http://news.sina.com.cn/468/2008/0705/1551.shtml;
(e) http://citylife.house.sina.com.cn/detail.php?gid=66180
图 2.236 中银大厦建筑材料、色彩及形态语言分析——图片来源：学生作业
(左上) http://www.cits.com.mo/2010/0907/11673.html;
(中上) http://www.quanjing.com/share/177-3122.html;
(右上) http://sucai.redocn.com/tupian/1395663.html;
(左中) http://sucai.redocn.com/tupian/1392771.html;
(中中) http://blog.sina.com.cn/s/blog_4e3da9ca0100e6it.html;
(右中) http://sucai.redocn.com/tupian/1392789.html;
(左下) http://sucai.redocn.com/tupian/994637.html;
(中下) http://blog.sina.com.cn/s/blog_4b7ef77f01016xy7.html;
(右下) http://www.quanjing.com/share/aig-ai02279.html
图 2.237 Kyobo 保险公司新大厦简介——图片来源：学生作业
(a) http://style.sina.com.cn/des/design/2012-11-07/1556109053.shtml;
(b) 韩国 Kyobo 保险公司新大楼 [J]. 建筑技术及设计, 2008(12): 44-49;
(c) http://www.archcy.com/focus/Mario/a14b8231c9339ee0;
(d) http://www.kyoborealco.co.kr/tower_en/indexTower_en.html;
(e) 韩国 Kyobo 保险公司新大楼 [J]. 建筑技术及设计, 2008(12): 44-49
图 2.238 Kyobo 保险公司新大厦建筑材料、色彩及形态语言分析——图片来源：学生作业
(左上) 韩国 Kyobo 保险公司新大楼 [J]. 建筑技术及设计, 2008(12): 44-49;
(中上) 韩国 Kyobo 保险公司新大楼 [J]. 建筑技术及设计, 2008(12): 44-49;
(右上) http://www.kyoborealco.co.kr/tower_en/indexTower_en.html;
(左中) http://www.archcy.com/focus/Mario/a14b8231c9339ee0;
(中中) 韩国 Kyobo 保险公司新大楼 [J]. 建筑技术及设计, 2008(12): 44-49;
(右中) 韩国 Kyobo 保险公司新大楼 [J]. 建筑技术及设计, 2008(12): 44-49;
(左下) http://www.kyoborealco.co.kr/tower_en/indexTower_en.html;
(中下) http://blog.sina.com.cn/s/blog_505e93410101gerv.html;
(右下) http://www.kyoborealco.co.kr/tower_en/indexTower_en.html
图 2.239 同济规划大厦简介——图片来源：学生作业
(a、b) http://photo.zhulong.com/proj/detail121344.html;
(c) http://news.tongji-caup.org/news.php?id=1876
图 2.240 同济规划大厦建筑材料、色彩及形态语言分析——图片来源：学生作业
(左上、中上、右上、左中、中中、左下、中下、右下) http://photo.zhulong.com/proj/detail121344.html
(右中) http://news.tongji-caup.org/news.php?id=1876;
图 2.241 包豪斯校舍简介——图片来源：学生作业
(a) http://nbc008.blog.163.com/blog/static/43855824200929105337326/;
(b) http://design.cila.cn/sheji9860.html;
(c) http://news.socang.com/topics/bauhaus/;
(d) http://shejixueyuan.blog.sohu.com/104162773.html
图 2.242 包豪斯校舍建筑材料、色彩及形态语言分析——图片来源：学生作业
(左上) http://shuyan71.blog.163.com;
(中上) http://site.douban.com/145454/widget/photos/10023771/photo/1674142233/#next_photo;
(右上) http://blog.sina.com.cn/s/blog_4a53b04c01000b9b.html;
(左中) http://site.douban.com/145454/widget/photos/10023771/photo/1674141472/#next_photo;
(中中) http://blog.sina.com.cn/s/blog_59d6de5a0100b77t.html;
(右中) http://site.douban.com/145454/widget/photos/10023771/photo/1674141290/;
(左下) http://www.tongimes.com/catalog.asp?page=2;
(中下) http://blog.sina.com.cn/s/blog_888ab0980102vne7.html;
(右下) http://nbc008.blog.163.com/blog/static/43855824200929105337326/
图 2.243 流水别墅简介——图片来源：学生作业
(a) http://www.douban.com/note/142489066/?type=like;
(b) http://www.xn--rhqyb441mino.com/rese_show.asp?pageid=173&big_id=73;
(c) http://www.archcy.com/focus/daily_focus/UNESCO/a8dfda177be3c7b5;
(d) http://www.douban.com/note/142489066/?type=like;
(e) http://www.douban.com/note/142489066/?type=like;
(f) http://www.archcy.com/focus/daily_focus/UNESCO/a8dfda177be3c7b5
图 2.244 流水别墅建筑材料、色彩及形态语言分析——图片来源：学生作业
(左上) http://www.jydoc.com/article/719704.html;
(中上) http://zqf9620.blog.163.com/blog/static/16372093820105152921545/;
(右上) http://www.douban.com/note/142489066/?type=like;
(左中) http://www.archcy.com/focus/daily_focus/UNESCO/a8dfda177be3c7b5;
(中中) http://sheji.pchouse.com.cn/zuopinku/1011/42695.html;
(右中) http://www.shepin8.com/haozhai/4795.html;
(左下、右下) http://lz.focus.cn/photoshow/1090028/70096610.html
图 2.245 美国国家美术馆东馆简介——图片来源：学生作业
(a) http://fw888133.lofter.com/post/2ee0fd_6a1eeed;
(b) http://www.chinaluxus.com/20140623/295625.html;
(c) http://fw888133.lofter.com/post/2ee0fd_6a1eeed;
(d) http://tangqianyangyeahlike.lofter.com/post/3d1ac7_15312c6;
(e) http://www.chinaasc.org/news/renwu/20150312/107037.html
图 2.246 美国国家美术馆东馆建筑材料、色彩及形态语言分析——图片来源：学生作业
(左上) http://arch.tianzhilou.com/jz/ggjz/2014-06/26/content_1813440.htm;
(中上) http://www.gaoloumi.com/viewthread.php?tid=22010;
(右上) http://tangqianyangyeahlike.lofter.com/post/3d1ac7_15312c6;
(左中) http://weibo.com/p/23041854da4dbd0102vq3x?from=page_100505_profile&wvr=6&mod=wenzhangmod;
(中中) http://sheji.pchouse.com.cn/zuopinku/jianzhu/1008/25652_all.html;
(右中) http://www.architbang.com/project/view/p/5856;
(左下) http://mixinfo.id-china.com.cn/a-12553-1.html;
(中下) http://xxxzzz0009.blog.sohu.com/303046266.html;
(右下) http://att.hnubbs.com/attachment/forum/201312/25/224745rf6iifhmf71lorma.jpg
图 2.247 理查德医学研究中心简介——图片来源：学生作业
(a) http://www.archcollege.com/archcollege/2014/06/3324.html;
(b) http://chuansong.me/n/909508;
(c) http://www.archcy.com/focus/constellation/8caeb84a8006220c;
(d) http://frozenjie.blog.163.com/blog/static/57972089200973010451816
图 2.248 理查德医学研究中心建筑材料、色彩及形态语言分析——图片来源：学生作业
(左上) http://www.zais.org.cn/YZLR000I.html;
(中上) http://blog.sina.com.cn;
(右上) http://photo.zhulong.com/proj/detail14122.html;
(左中) http://blog.sina.com.cn;
(中中) http://www.kepu.net.cn/gb/civilization/architecture/modern/21c301_05b_pic.html;
(右中) http://photo.zhulong.com/jzmobile/detail14122.html;
(左下) http://www.chparch.com/?p=784&ckattempt=1;
(中下) http://www.zw2.cn/zhaotupian/Uy93qfxj8q3fOtrv.html;
(右下) http://chuansong.me/n/909508
图 2.249 DG 银行总部大厦简介——图片来源：学生作业
(a、b、c、d) http://photo.zhulong.com/jzmobile/detail8746.html
图 2.250 DG 银行总部大厦建筑材料、色彩及形态语言分析——图片来源：学生作业 http://photo.zhulong.

com/jzmobile/detail8746.html

图 2.251 乌尔姆市政厅简介——图片来源：学生作业

（a）http://www.hjdraw.com/desginer/42.html;

（b）http://xhgj.api.zhongguowangshi.com/wap/share.aspx?docid=67211;

（c）http://www.stonexp.com/show-4775.html;

（d）http://photo.zhulong.com/jzmobile/detail589.html

图 2.252 乌尔姆市政厅建筑材料、色彩及形态语言分析——图片来源：学生作业

（左上、中上、右上、左中、中中、右中、左下）http://photo.zhulong.com/proj/detail1631.html;

（中下）http://xhgj.api.zhongguowangshi.com/wap/share.aspx?docid=67211;

（右下）www.quanjing.com/share/ibwgao1756479.html

图 2.253 戴维斯博物馆和文化中心简介——图片来源：学生作业

（a、b、c、d）http://www.archreport.com.cn/show-30-386-1.html

图 2.254 戴维斯博物馆和文化中心建筑材料、色彩及形态语言分析——图片来源：学生作业

（左上、右中、左下）http://www.archreport.com.cn/show-30-386-1.html;

（中上、右上、左中、中中、中下、右下）拉斐尔·莫内欧[著]，林芳惠[译]. 莫内欧论建筑——21个作品评述[M]. 田园城市，2011

图 2.255 法兰克福商业银行大厦简介——图片来源：学生作业

（a）http://www.sansebastianfestival.com/fototeca/es/galeria_min_g.php?gal=198#.VaPiMs-qqko;

（b）http://www.ikuku.cn/article/shimeshihaojianzhu;

（c）http://www.pressebox.de/pressemitteilung/swiss-post-solutions-ag/Commerzbank-setzt-auf-Input-Management-von-Scalaris/boxid/264459;

（d）http://kakapu.es/circuitos-por-alemania/944-berlin-frankfurt-y-munich-las-3-grandes-10-dias-9-noches

图 2.256 法兰克福商业银行大厦建筑材料、色彩及形态语言分析——图片来源：学生作业（左上）http://www.dianliwenmi.com/postimg_150776_8.html;

（中上）http://photo.zhulong.com/jzmobile/detail5527.html;

（右上）http://photo.zhulong.com/jzmobile/detail5527.html;

（左中）http://www.gaoloumi.com/viewthread.php?tid=10408&extra=page%3D4;

（中中）http://www.izhsh.com.cn/doc/247/2098.html;

（右中）http://slideplayer.com.br/slide/1271834/;

（左下）http://goroda-germanii.ru/article/frankfurt_na_majne.aspx#prettyPhoto;

（中下）http://photo.zhulong.com/jzmobile/detail5527.html;

（右下）http://www.quanjing.com/imgbuy/iblmk101492087.html

图 2.257 马来西亚国家石油双子塔简介——图片来源：学生作业

（a）http://wallpaperest.com/petronas-twin-towers-wallpaper-123248;

（b）http://www.kongtu.com/?action-viewnews-itemid-8948;

（c）http://www.plataformaarquitectura.cl/cl/tag/cesar-pelli/;

（d）http://tour.workercn.cn/c/2011/03/28/110328114054964906935.html

图 2.258 马来西亚国家石油双子塔建筑材料、色彩及形态语言分析——图片来源：学生作业

（左上）http://you.ctrip.com/travels/singapore21396/1666734.html;

（中上）http://www.nipic.com/show/10027175.html;

（右上）http://photo.zhulong.com/proj/detail101.html;

（左中）http://photo.zhulong.com/proj/detail101.html;

（中中）https://wallpaperscraft.com/tag/skyscraper/1024x1024/page2;

（右中）http://www.quanjing.com/imgbuy/top-634685.html;

（左下）http://www.ilbe.com/1695230389;

（中下）http://www.quanjing.com/imgbuy/mf855-03253710.html;

（右下）http://www.uutuu.com/fotolog/photo/1590147/

图 2.259 上海中银大厦简介——图片来源：学生作业

（a）http://www.nipic.com/show/1/62/7462681k835a8f24.html;

（b）http://www.unpcn.com;

（c）http://www.nipic.com/show/1/38/5517632kd97113f2.html

图 2.260 上海中银大厦建筑材料、色彩及形态语言分析——图片来源：学生作业

（左上）http://www.bdktjm.com/photo/html/?122.html;

（中上）http://www.bdktjm.com/photo/html/?122.html;

（右上）http://www.nipic.com/show/1/62/7462746kb4c21fde.html;

（左中）https://zh.wikipedia.org/wiki/%E4%B8%AD%E9%93%B6%E5%A4%A7%E5%8E%A6_(%E4%B8%8A%E6%B5%B7);

（右中）http://xiaoguotu.to8to.com/p10186952.html;

（左下）http://news.zhulong.com/read81107.htm;

（中下）http://www.baike.com/ipadwiki/%E4%B8%8A%E6%B5%B7%E4%B8%AD%E9%93%B6%E5%A4%A7%E5%8E%A6;

（右下）http://www.okeyoffice.com/showclass.aspx?SID=44

图 2.261 宁波博物馆简介——图片来源：学生作业（a）http://toutiao.com/a4303123705/;

（b）http://www.zgculture.gov.cn/wenbo/2015/0106/article_610.html;

（c）http://eladies.sina.com.cn/s/2012/1115/10361196436.shtml;

（d）http://www.weixinyidu.com/n_727567

图 2.262 宁波博物馆建筑材料、色彩及形态语言分析——图片来源：学生作业

（左上）http://www.nipic.com/show/6217633.html;

（中上）http://www.800home.cn/news/20150511/051141NH015.html;

（右上）http://www.nbmuseum.cn/NewsList.asp?NodeCode=006900010004;

（左中）http://www.nbmuseum.cn/NewsList.asp?NodeCode=006900010004;

（中中）http://www.nbmuseum.cn/NewsList.asp?NodeCode=006900010004;

（右中）http://ideasgn.com/architecture/ningbo-history-museum-by-wang-shu/;

（左下）http://www.nbmuseum.cn/NewsList.asp?NodeCode=006900010004;

（中下）http://ideasgn.com/architecture/ningbo-history-museum-by-wang-shu/;

（右下）http://www.nbmuseum.cn/NewsList.asp?NodeCode=006900010004

图 2.263 绩溪县博物馆简介——图片来源：学生作业

（a）http://video.sina.com.cn/onair/2008-07-22/135815567.shtml;

（b、c、d）http://www.ikuku.cn/post/34953

图 2.264 绩溪县博物馆建筑材料、色彩及形态语言分析——图片来源：学生作业

http://www.ikuku.cn/project/jixibowuguan-lixinggang

图 2.265 清华大学美术学院简介——图片来源：学生作业

（a）http://you.ctrip.com/photos/sight/beijing1/r1485795-30845962.html;

（b）http://art.ynnubs.com/n_index/20090531/125853.shtml;

（c）http://art.ynnubs.com/n_index/20090531/125853.shtml;

（d）http://www.ikuku.cn/name/3163

图 2.266 清华大学美术学院建筑材料、色彩及形态语言分析——图片来源：学生作业

（左上）http://www.021998.com/meitu/?tid.c7.e5.bb.aa.b4.f3.d1.a7.c3.c0.ca.f5.d1.a7.d4.ba/;

（中上）http://www.zgsshw.cn/content.asp?id=20252;

（右上）http://www.ikuku.cn/project/%E6%B8%85%E5%8D%8E%E5%A4%A7%E5%AD%A6%E7%BE%8E%E6%9C%AF%E5%AD%A6%E9%99%A2%E6%95%99%E5%AD%A6%E6%A5%BC%E6%9D%8E%E5%8D%AB;

（左中）http://znz211.com/college.aspx?c=20;

（中中）http://bbs.ourgame.com/showtopic-35299.aspx;

（右中）http://www.mypsd.com.cn/detail/?1571960;

（左下）http://www.tsinghua.edu.cn/publish/news/4205/2011/20110225231657890815411/20110225231657890815411_.html;

（中下）http://blog.sina.com.cn/s/blog_5e0efb4301010v0a.html;

（右下）http://tigerjxc.com/03_company/index.aspx

后记 POSTSCRIPT

结束语——思考与展望

现代建筑就是一些搭配起来的体块在光线下辉煌，正确和聪明的表演。

——柯布西耶《走向新建筑》，1923

我要做对谁都是敞开的建筑和别人做不出来的建筑，遵守严格的几何学构成手法，在单纯的构成中实现复杂的空间是我一贯的追求。

——安藤忠雄《建筑学的教科书》，2008

相隔 85 年的两位建筑大师道出了现代建筑设计艺术的真谛，促使我们教育工作者思考建筑基础教育的问题。

20 多年，多所学校，多个国家，许多师长、同事、同行和学生的教育交流，思想互动促使我思考当代建筑造型基础教育的训练方法和教育手段。今天，完成这套丛书，算作是初步思考的一个解答吧。

感谢 20 年来帮助我完成这个问题思考的曾经和正在学习，教学工作，交流提高的各个学校，各位师长，各位同学，各位同事，无法一一列举大家的名字，非常感谢，是你们促成了我对造型基础教学的思考，特别感谢现代建筑发源地的莫斯科建筑学院的耶·斯·普鲁宁教授，奥·阿·普鲁金教授，虽然你们英年早逝，但你们的学术精神得到了发扬！精神永存，辉照下代是你们的愿望！！

也要感谢北京交通大学、北京工业大学各位同仁的支持、理解和无私的帮助！感谢各级同学们的努力，是你们的努力使这套丛书得以实现！

这套“建筑造型基础字词句”教学方法的建立是许多老师、许多国家的经验的汇集，我只起到了一个组织者的作用，感谢所有为这套方法作出贡献的人！

这个教学方法仅仅是一个开始，“形态构成训练”、“空间构成训练”、“色彩构成训练”组成的“建筑造型字词句”教学方法，是否能创造性地展示学生个体对构成的理解，丰富学生个体的造型能力，适应当代造型艺术的本质，还待时间的进一步考验。

“形态构成训练”、“空间构成训练”、“色彩构成训练”，三个分课程各一学期的教学时间基本满足学生的认知时间的要求，造型基础教学下一步深化继续的工作是建立造型与建筑材料设计，建筑结构设计的联系，“建筑造型与材料语言”作为第四项课程，在二年级下学期开设此课程，这样形成一、二年级造型教育的基础，为三、四年级的设计教育，五年级的专业教育服务。完善成为造型——设计——专业的建筑教育系统。

国外建筑教育造型基础已进一步提升，新的造型辅助工具的加入——新型造型软件和 3D 打印手段极大地丰富了造型教育的领域。这部分内容主要在三、四年级和毕业设计中体现。

他山之石，可以攻玉，国外先进经验可以为我所用，由于学生基础的不同、对建筑理解的不同，促使我们思索我们自己的建筑造型教育之路！

“世上本无路，只是走的人多了，也就成了路。”

以先贤鲁迅先生的语录作为本丛书的结束语

韩林飞教授

2014.05.02 北京